江苏省2018年度教育科学“十三五”规划项目

“语文教学‘平民化’的理论与实践研究”成果

项目号D/2018/01/08

『平民化』语文教学的建构与实践

许芳红　朱平　著

『平民』语文应如一位知心的友人同他的学生进行平等的对话，亦应如一位和善的长者与他的学生进行友善的沟通。

凤凰出版社

图书在版编目（CIP）数据

“平民化”语文教学的建构与实践 / 许芳红，朱平著. -- 南京 : 凤凰出版社，2019.12
ISBN 978-7-5506-3069-7

Ⅰ. ①平… Ⅱ. ①许… ②朱… Ⅲ. ①语文教学—教学研究 Ⅳ. ①H19

中国版本图书馆CIP数据核字(2020)第015472号

书　　名	“平民化”语文教学的建构与实践
著　　者	许芳红　朱　平
责任编辑	张永堃　兰淑坤
出版发行	凤凰出版社(原江苏古籍出版社) 发行部电话 025-83223462
出版社地址	南京市中央路165号，邮编：210009
出版社网址	http://www.fhcbs.com
照　　排	南京凯建文化发展有限公司
印　　刷	江苏凤凰通达印刷有限公司 南京市六合区冶山镇，邮编：211523
开　　本	880×1230毫米　1/32
印　　张	5.75
字　　数	155千字
版　　次	2019年12月第1版　2019年12月第1次印刷
标准书号	ISBN 978-7-5506-3069-7
定　　价	50.00元

(本书凡印装错误可向承印厂调换，电话：025-57572508)

目　　录

绪 论

近年来，语文教学的各种理论和实践不断涌现。这些探索为语文教育界的研究注入了全新的思维与方法。当然，在语文教学求新、求变的同时，其中也不乏各种争论。

我们重新审视、反思一线的语文教学实际，发现各种模式、各种套路充斥着当今的语文教学，各种空洞说教式的理念、理论似乎离“平民”教师越来越远。“长安米贵，居大不易”，如何让“平民”语文人有舞台，如何探索出适合一线教学实际的“平民化”教学之路，可谓当务之急。

历经语文教学改革现状的忧思之后，我们经过认真梳理和研究，不禁追问：语文教学的本质与核心究竟是什么？叶圣陶先生早有论述：“什么叫语文？平常说的话叫口头语言，写到纸面上叫书面语言。语就是口头语言，文就是书面语言。把口头语言和书面语言连在一起说，就叫语文。”①

基于理论层面的热点追踪、学生层面的理想预估、实践层面的茫然无措等诸多因素，我们充分认识到：只有摒弃语文教学表面的纷乱，才有可能回归语文教学的本质。语文教学必须从学生实际出发、从教材实际出发、从教师实际出发，才能避免盲目与无序。

---

① 叶圣陶：《叶圣陶语文教育论集》，北京：教育科学出版社，1980 年。

因此，“平民化”语文教学的提出具有一定现实意义与社会价值。于是，我们大声呼吁：语文教学要返璞归真，走“平民化”路线！

“平民化”是指贴近实际、贴近生活、贴近群众，普通化、大众化、世俗化、通俗化。语文教学“平民化”就是指语文教学要以学生基本的听说读写活动及文学活动为基本出发点，从教材、学生、教师的实际情况出发，大幅度地简化教学程序，始终立足“语言文字”根本，兼顾语文学科的其余功能，在学生“眼前所得”的基础上实现其“终身所得”。

在语文教学“平民化”理念的指导下，我们认为语文课堂应该摒弃高大上的手段与方法，走向“常态化”，提高学生的听讲与理解能力，媒体使用手段也应趋向实际简单。

本书主要分八个章节对语文教学“平民化”进行专题论述，即语文教学“平民化”的追求、语文教学“平民化”的途径、语文教学“平民化”的策略、“平民化”理论视野下阅读与写作策略探讨、“平民化”视野下的语文教学问题商榷、“平民化”视野下关于练习设计与选修课的思考、“平民化”语文教学理念下的古典文学课例设计、“平民化”语文教学理念下的现当代文学课例设计，力求构建语文教学“平民化”的基本思路、框架与体系。

此书始终立足于一线语文教学实际，通过大量丰富的教学实践案例进行论证，并通过相关教学设计，力求呈现出理想状态下“平民化”语文教学的操作范例。清代诗人袁枚的《苔》诗云：“白日不到处，青春恰自来。苔花如米小，也学牡丹开。”世上没有一朵不期待盛开的花，即便是微小如苔花。花开无声，如米般大小的苔花，虽默默无闻，但在显微镜下也能像牡丹一样绚丽，有着自己独特的花语。但愿“平民化”语文教学探讨能为语文教育奉献一瓣心香，使语文教学更切实际，使学生在语文课堂中能有所得。

第一章　语文教学的“平民化”追求

近年来，语文教学是教育界改革最热闹的领域，各种理念与方法层出不穷，这表现了教育界对语文教学的反思与探索，其中不乏可取之处，但也存在“乱花渐欲迷人眼”的纷乱，当我们在求新、求变的时候，可能离语文教学的本质也越来越远了。本章主要是对目前语文教学改革现状的反思，同时也提出了语文教学必须切合实际、追求“平民化”的理论主张。

第一节　语文教学中的表面奢华现象

随着对新课改的误解，语文教学出现了表面豪华、奢侈之现象。语文课堂上出现一批“精神贵族”，似乎越来越追求形而上的内容。笔者截取来自一线语文教学中的实际案例进行分析，并以此呼吁警惕语文教学中的“贵族化”倾向。

一、“人文”泛滥化

“人文”泛滥化——指的是追求所谓情感熏陶和诗意栖居，使语文课极尽豪华之能事，语文课已经变成情感熏陶课、生命教育课。语文什么都管，就是不管“语文”自身；语文教师与别科教师抢起了“饭碗”；就语文而言，似乎成了“以天下为己任”的“肉食者”——却忘了自己的肚子尚未吃饱。

【案例 1】 某教师教授苏教版必修四《辛德勒名单（节选）》一文时，简单梳理文本基本情节后，就让学生鉴赏体会人性的复杂，分析文本中人性的善与恶。

《辛德勒名单（节选）》是教材中独具特色的电影文学剧本，教者试图通过探讨人性来把握人物形象。其实，教者应从电影文学剧本出发，了解电影文学剧本的特点，学习通过镜头转换来分析人物形象，顺带探讨人性话题。

诸如此类的现象还有很多。如某教师教授史铁生《我与地坛》（苏教版高中语文必修二）时，竟然将整堂课变成“残疾人奋发图强”的主题教学；某教师教授鲁迅《祝福》（苏教版高中语文必修二）时，竟然在祥林嫂工钱上寻来蛛丝马迹以证实祥林嫂地位的低下；某教师教授刘亮程的《今生今世的证据》（苏教版高中语文必修一）时，竟然以怀念故乡的一草一木为中心目标。

之所以产生这些现象，是因为对语文课程改革的误读，以机械的二元对立的思维方式解读语文。他们认为注重“工具性”就是应试教学，认为课改就是提倡“人文性”，以致过分拔高“人文性”，以塑造青少年的灵魂为首要的己任，跳出语文教语文，动辄将语文推到诗意或是生命的殿堂的高度，让语文变得什么都像，就是不像语文。这种无限追求语文教育至高境界的主张导致语文被夸大、被拔高、被虚化。黄厚江说：“当今语文课，越来越好看了，越来越热闹了。新的理念越来越多，新形式越来越丰富。可是语文课越来越不像语文课了。”①

---

① 黄厚江：《语文的原点——本色语文的主张与实践》，南京：江苏教育出版社，2011 年。

“贵族化”语文还混淆了“语文综合性学习”和“综合学习”的界限，其倾向为置语文学科于不顾，而以学习所涉及的学科知识为目标。

所以，我们应该始终立足于语文本位，借助“工具”渗透“人文”，不拔高、不虚化，脚踏实地教语文，在“教文”中“立人”。语文教学中的情感熏陶、诗意栖居、生命感悟等必须在学生“眼前所得”的基础上逐步渗透，绝不能硬贴上“人文”的标签。

二、对象精英化

对象精英化，即漠视多数学生的实际情况，追求“精英”教学。

【案例2】 某教师教授一堂记叙文素材积累的写作课时，开始让学生鉴赏奥地利诗人里尔克的诗歌《沉重的时刻》：“此刻有谁在世上某处哭，无缘无故在世上哭，在哭我。此刻……”接着，让学生理解这首诗其实就是写每个人的人生。最后，让学生以“季节·人生·感悟”来积累写作素材。

从课堂实际来看，教者忽视了多数学生的实际情况。这首诗在教师讲解前，全班无一人能理解。本节课的目标就是让学生积累记叙文写作素材，教者可以直接讲授积累素材的方法或者提供些生活中对写作有利的素材。

我们认为语文课必须注重学生实际，一切围绕教学任务，使学生真正有所得；作为能起导向作用的语文课堂评议更应向“平民”学生的“所得”倾斜，这个“所得”，应该是显性的“文”和隐性的“道”的结合的所得。①

---

① 王家伦、颜丹：《语文课堂评议应向学生“所得”倾斜》，《中学语文教学参考》2008年第4期。

所谓的“平民”学生，是相对“顶尖学生”而言，主要指“四星级”学校三分之二的学生和“三星级”学校 90％以上的学生，他们的语文基础相对薄弱。从中学语文一线教学实际情况来看，不少学生在语文读写听说方面的基本能力尚未得到有效提高。以笔者所在四星级高中为例，有的学生语文课上专注度不高；有的学生语文课回答问题时，声音很小，口齿不清，不能准确表达自己的观点；有的学生一篇课文读起来结结巴巴，根本谈不上顺畅、流利；有的学生连基本的教材文本都不能很好地阅读，经典阅读、精神涵养又何从谈起；不少学生的作文书写潦草，写作缺乏一定的规范。

诸如此类现象，如果一味要求语文教师用高标准要求学生，甚至整天大谈生命教育、情感熏陶等，收效肯定甚微。如果一味要求学生对抗语文教材，用经典阅读替代一般意义上的阅读教学，那么皮之不存，毛将焉附？如果一味指责“语文教学到了最危险的时刻”，又不让一线语文教师从最基本的教学实践中找出解决途径，那么语文教学的出路究竟何在？

所以，我们应该脚踏实地地立足一线教学的实际情况，不盲从、不迷信所谓“专家”“学者”的形而上的内容，要针对绝大部分“平民”学生语文读写听说的实际情况，实实在在培养学生语文学习的兴趣。如指导学生准确地分析文本的语言形式；加强学生书写训练，规范写作的文体意识，学会谋篇布局等；着重解决学生的“听障”问题，提高课堂专注度；要求学生准确、流畅、清晰地表达自己的观点，大方得体地进行交流。在此基础上，兼顾学生的精神涵养、人格熏陶、经典阅读、诗意人生等。

三、程序繁琐化

程序繁琐化，即语文教学环节繁复、贪多务得、细大不捐。

【案例3】 某教师教授文言文苏轼的《方山子传》(苏教版高中语文《唐宋八大家选读》)时，设置了七八个环节，从预习检测、成语导入、学习目标展示、课文朗读、解决字词、探究主旨这些环节，再拓展到苏轼的词《定风波》、海子的诗歌《面朝大海，春暖花开》、谢娜的自信乐观，最后让学生畅所欲言“如何面对压力”。

文言文教学不一定需要那么多环节，无须太多拓展延伸，将课堂变成“满汉全席”，只会造成营养过剩。本节课只需在重点解决文言知识的基础上探究文章主旨即可。

新课改后，各种语文教学理念、教学模式大行其道，甚至到了泛滥猖狂、不可收拾的地步。当诸多教学模式冲击语文教学的时候，语文课套路越来越多，虚假繁荣愈演愈烈。这些教学模式亦如重重大山压得语文教师根本无暇喘息，让语文课堂承受了自身本不该承受的重量。所谓大道至简，语文教学目标要明晰，教学程序应简化便捷，易于操作，教学环节更要紧扣目标，促进教学目标的实现。

所以，我们应该简化语文教学的程序，返璞归真，摒弃“模式”“套路”的桎梏，明晰语文教学目标，追求“平民化”的语文教学。这样的语文课崇尚程序简化，从简有序。如果一个课时教授鲁迅的《药》(人教版高二必修三)，把教学目标定位为“学习本文双线并行的结构”以及“体会半殖民地半封建社会人民群众的愚昧和革命者的脱离群众”，那么，其所授新课最恰当的教学程序应该如下：

第一环节，梳理明线华家的悲剧：购“药”→服“药”→议“药”→上坟，可见愚昧不堪；

第二环节，梳理暗线夏家的悲剧：被杀→被吃→被议→上坟，可见缺济世良药；

第三环节，理解两条线索并行前进，最后在“上坟”时交汇；

第四环节，理解“华”家与“夏”家即华夏民族，“华”“夏”两家的悲剧就是华夏民族的悲剧。①

如此，四个环节环环紧扣，条理清楚，最终达成课堂教学目标。最多，在第三、第四环节之间向同样是两条线索的文本《麦琪的礼物》等作品进行拓展延伸。

四、手段多样化

手段多样化，即唱歌、表演、绘画等齐上阵，现代化媒体狂轰滥炸。

【案例 4】　一位教师在教授胡适的《我的母亲》（苏教版高中语文《现代散文选读》）一文时，课前开始就以一首满文军的歌曲《懂你》引入。

课堂开始看似非常热闹，学生被歌曲 MTV 吸引住，殊不知却破坏了在文本阅读时最应具有的思考的品质。

【案例 5】　某位教师在教授梁实秋的《我的一位国文老师》（苏教版高中语文《现代散文选读》）时，讲到国文先生的外貌时，便信手在黑板上画起漫画来，并让学生结合文本文字看是否画得像。

---

① 高群、王家伦：《论语文课堂教学过程与目标达成——对新课改的理性反思》，《中学语文教学参考》2012 年第 10 期。

暂不对该老师的画技进行评判，将文字诉诸视觉形象，是否有这个必要？能训练思维还是能帮助学生理解文本？所以该环节就语文教学而言显得不伦不类。

此外，近年来由于现代化媒体的广泛运用，不少语文课上快餐式的“读图”几乎取代了“读文”的训练，这又进一步加重了语文教学丢失魂魄的症状。问题的严重性尤其在于，这种包装亮丽、华而不实的课堂目前正作为某种“范式”而被纷起仿效着。① 常见这样的授课形式：一堂课中，教师不停地点鼠标，连续出现在学生面前的是十几幅甚至二十几幅画面，平均两三分钟一幅画面。试想，学生在这种语文课上能学到些什么？学生语文水平的大幅度下降，就是意料之中的了。

针对当下不少语文课堂求新、求异，变得异常花哨、热闹非凡的现象，我们认为必须对诸多“贵族化”奢侈的套路加以遏制，这样语文教学才能回归其本位。所以，我们应该追求语文教学手段的“平民化”，始终站在语文本位来选择教学媒体，朴实、扎实、有序；千万不要忘了草稿本、笔记本、黑板等传统媒体的特殊作用，不要搞声、色、光、影的狂轰滥炸。

城市化进程中，一些城市热衷于表面繁荣、豪华的发展模式，忽视对百姓的服务功能，这种“贵族化”倾向必须引起高度警惕。② 同理，“贵族化”语文偏离了语文作为基础学科的本位，已经忽视了语文教学的基本功能，让语文教师严重水土不服。所以，我们认为语文教学去“贵族化”势在必行，提倡语文教学的“平民化”乃当务之急。

---

① 钱梦龙：《为语文教学招“魂”》，《中学语文教学》2004 年第 2 期。

② 王炜：《求新、求大、求洋，百姓生活却不易　城市化不能“贵族化”》，《人民日报》2011 年 2 月 21 日。

第二节　语文教学:呼唤回归“平民化”

历经了声势浩大的世纪末语文教学“工具性”“人文性”的大讨论,又经过十多年新课改,当我们重新审视与反思一线教学时发现:首先,语文研究进入深水区,理论层面极力追踪语文热点效应,语文教学越来越被各种教学理念与模式左右,表面上越来越豪华;其次,语文教学的专家和学者对学生“学情”存在理想化预估现象,脱离学生真实的学习状态;再次,一线语文教师也被各种理念、套路所裹挟,甚至迷失自我。因此,语文教学“平民化”理念的提出具有一定现实意义与社会价值。本节从提出缘由、概念内涵、课堂追求、价值意蕴等方面出发,力求构建语文教学“平民化”的基本思路与框架。

一、语文教学“平民化”理念提出的现实背景

“平民”在《现代汉语词典》中的意思是泛指普通的人,区别于“贵族”或特权阶级。[①]“平民化”是指贴近实际、贴近生活、贴近群众,即普通化、大众化、世俗化。“平民化”也就意味着亲民,接地气,摒除一切高不可攀的仰视。概而言之,语文教学“平民化”就是指语文教学要倾向一线语文教师的教学实际和学生的学习实际,并选择与之相适应的教学理念、教学方法与目标追求。有学者曾公开撰文呼吁语文教学需要“平民化”,范红、王家伦在《中学语文教学:请走出“贵族化”的怪圈——论“平民”语文教学的建

① 中国社会科学院语言研究所编:《现代汉语词典》,北京:商务印书馆,2012年第6版,第1001页。

构》一文中系统地阐述了语文教学“平民化”的观点。[①] 我们认为语文教学“平民化”观念的提出既适应当前语文教育形势，又与语文学科性质相一致：

其一，“平民化”是实现语文课程标准的重要方式。语文课程标准是规定语文学科的课程性质、课程目标、内容目标、实施建议的教学指导性文件。在实际教学中，一线教师需对此作出“平民化”的解读，构建出每一节课、每一阶段具体清晰的教学目标，使之更符合课程标准的要求。

其二，“平民化”是培养学生听说读写能力的重要途径。就语文学科本身而言，也亟须“平民化”的实践。我们始终要守住语文学科“语言文字”这个根本，在语文教学中，紧紧围绕提高学生的听说读写能力等核心任务展开工作，并以此为基础来实现语文学科的其他功能。

其三，学生语文学习的实际情况要求语文教学“亲民化”“平民化”。语文教学的效果必须由学生学习的实际情况来检验。现阶段，绝大部分学生语文学习的听说读写能力还不尽如人意，如果语文教学不顾学情，一味蜂拥而上迎合所谓专家、学者的理念，“低估”或者“高估”学情，对学生只会是一种误导。因此，要提倡让学生“有得”的语文教学，一课一得，脚踏实地地提高学生的听说读写能力。

其四，教者的自身结构状况也呼唤语文教学“平民化”。大多数语文教师已经习惯了仰视大师、名家，而忽视了自身“草根”的力量，虽身如“苔花”，却永远不学“牡丹开”，过多迷信专家学者，

① 范红、王家伦：《中学语文教学：请走出“贵族化”的怪圈——论“平民”语文教学的建构》，《教育与教学研究》2012年第8期。

过多模仿套路模式，过多借助网络备课，其结果则是教者成了搬运工，而非知识的传授者与思维的引导者。

二、语文教学“平民化”的概念内涵

我们所说的语文教学“平民化”，就是指语文教学要以学生基本的听说读写活动及文学活动为基本出发点，从教材、学生、教师的实际情况出发，大幅度地简化教学程序，始终立足“语言文字”根本，兼顾语文学科的其余功能，在学生“眼前所得”的基础上实现其“终身所得”。

（一）课程性质：守住“语言文字”根本，培养语文学科核心素养

教育部颁发的 2017 年版《普通高中语文课程标准》（以下简称“新课标”）对语文课程作了如下界定：语文课程是一门学习语言文字运用的综合性、实践性课程。工具性与人文性的统一，是语文课程的基本特点。学生应在语文课程中通过自主的语言实践活动和言语经验积累，把握祖国语言文字的特点和运用规律，在真实的语言运用情境中，加深对祖国语言文字的理解与热爱，培养运用祖国语言文字的能力；同时，增强思辨能力，提高思维品质，养成基于正确价值观的审美情趣和文化感受能力。[①] 由此可见，语文课程性质的根本在于语言文字的综合运用与实践，在实现此任务的基础上，增强思辨能力，提高思维品质，养成基于正确价值观的审美情趣和文化感受能力。可以说，提高学生的读写听说能力是语文学科义不容辞的任务，语文学科必须始终立足此任务，语文教学也应紧紧围绕此核心任务展开，以此为基础实现语

---

① 中华人民共和国教育部制定：《普通高中语文课程标准（2017 年版）》，北京：人民教育出版社，2018 年。

文学科的其他功能。读写听说能力是语文教学之本，语文教学要守住此根“本”。

（二）学情考量：要重视学生基本“学情”，始终立足学生“实际”

当下阶段，以笔者所在的四星级高中为例，大部分学生语文基础相对薄弱，对语文学习的兴趣不高，重视程度还不够。如：有的学生连基本的教材文本都不能很好地阅读，文本理解能力亟需提高；有的学生表达交流时，声音很小，口齿不清，不能准确表达自己的观点；有的学生写作时书写潦草，写作文体意识淡薄，缺乏一定的规范，表现出明显的阅读积累不足。所以，我们呼吁语文课堂要切实关注每一个学生的实际学习情况，培养学生的文本理解能力、表达交流能力和阅读写作能力，真正向他们读写听说能力方面的“所得”倾斜。

从学生的认知特点和认知能力来看，以普通高中学生为例，虽然高中学生在知觉和观察事物时比以前更全面、更深刻，在发现事物的一些主要细节和事物的本质方面，稳定性、持久性都比初中生有了很大的提高，但是高中生之间的分层与差异较大，在语文教学的实际中必须充分考虑到这些要素，切忌“一个标准”“一个模式”。当然，对于当下高中语文教学所提倡的热点，如18个学习任务群等，我们也应该根据《普通高中语文课程标准(2017年版)》进行“平民化”的探究和设计，力求从高中学生的实际学情、认知能力和特点出发，让学生真正有“所得”。

（三）课堂操作：立足“语言文字”，培养核心素养，渗透“其余功能”

如若说语文是一座金字塔，那么“人文性”就是塔尖，而作为“工具性”的语言文字便是塔基和塔身。“工具性”首先是实现语文学科其他性质的基础，在语文教学中，诸如审美情趣和文化感受力等是“无限风光在险峰”，但是想欣赏到峰顶的美景必须由塔基和塔身逐步向上攀登，而不能本末倒置。

所以，我们认为语文教学“平民化”在课堂操作上，首先要立足学习语言文字的综合性、实践性基础，努力培养学生的核心素养，其中最为“平民化”的就是听说读写能力的培养，并以此来实现语文教学的其余功能。

对学生进行审美情趣和文化感受力的熏陶确是语文教学的重要内容，但是如果一味片面强调审美情趣和文化感受力，则容易在教学中“凌空蹈虚”，所以企图通过审美情趣和文化感受力来培养“语言文字”运用的设想是难以成功的。因此，我们主张语文教学始终立足“语言文字”这个塔基，借助“工具”来渗透“人文”，以此来实现语文教学的更高追求。

当然，我们提倡的语文教学“平民化”，并不是降低语文教学的品位，也并不是忽视对“顶尖”学生、“精英”学生的培养，而是同样注重对学生的审美情趣和文化感受力等多方面的培育，并探索出适合“顶尖”学生、“精英”学生的教学。我们评价的标准始终是因材施教，在紧紧抓住语文教学“本务”的基础上，强调对学生的审美情趣和文化感受力等进行多元渗透，从而实现对人的培养。

三、语文教学“平民化”的课堂追求

语文教学应始终守住“语言文字”的根本，通过语言实践活动和言语经验积累，实实在在培养和提高学生的读写听说能力，并致力于提高学生的思维品质，增强思辨能力，养成基于正确价值观的审美情趣和文化感受能力。具体而言，语文教学“平民化”要求语文课堂应追求如下目标：

（一）追求“有得”课堂，提倡“一文一道”

“平民化”意味着亲民，接地气，摒除一切高不可攀仰视的姿态。“平民化”语文教学要求老师立足绝大多数学生的语文学习实际，立足语文教学实际。具体需做到以下几点：

一是贴合学情，注重绝大多数学生的实际，以生为本，力求有“所得”。语文教学“平民化”即要以绝大多数学生为研究对象，要根据绝大多数学生的情况实施教学，由浅入深，逐步登高，追求让绝大部分学生有“所得”。

二是目标明晰，使用的教学手段需紧扣课堂教学目标。我们所追求的“平民化”的语文课堂，每节课的教学目标应是提倡“一文一道”，且由“文”入“道”，逐步渗透；其教学手段倡导“平民化”，紧扣目标，层层推进。教学过程中的目标设置应该重点围绕“文”之所得，教学过程的每一个环节都应围绕“得”来铺垫或设计。①

三是环节简化，删繁就简，教学程序力求简化，便于操作。一般来说，一堂课四五个环节即可，每个环节环环紧扣，层层推进，每一个环节都指向相应的阶段目标，直至课堂教学目标最终达成。

（二）回归“常态”课堂，立足“草根”研究

其一，崇尚“务实”。倪文锦先生明确指出，语言教学是语文教学的正道。② 语文教育界泰斗于漪老师也曾撰文批判当下林林总总、目不暇接的语文教学现状，指出广大语文教师要对这些不

① 高群、王家伦：《论语文课堂教学过程与目标达成——对新课改的理性反思》，《中学语文教学参考》2012 年第 10 期。

② 倪文锦：《语言教学是语文教学的正道》，《光明日报》2015 年 10 月 20 日。

同的理论话语和教学主张有一个比较清晰的认识，这样才能不被牵着鼻子而“随人说短长”。[①] 因此，我们提倡语文教学始终要依据课程标准的要求，崇尚“务实”，而非“务虚”，研究教学中遇到的实际问题。一线语文教师应该理性思考权威与专家的教学理论，从语文教学实际出发，不盲从，不跟风，仔细辨析所谓权威与专家的“新发现”“新见解”，用实事求是的态度，立足实践，解决语文教学课堂中存在的各种问题。

其二，提倡“常态”。现阶段，语文课越来越华美、越来越热闹，或是对文本浅尝辄止，一味进行文本外的拓展延伸；或是对文本过度“深挖”，一味追求个性化解读；或是过度依赖媒体，走入声色光影的怪圈……如此种种，使语文课偏离了“常态化”轨道，失去了语文课的“原汁原味”，离语文课的核心任务也越来越远。“常态化”的语文课应该是没有经过华丽包装，摒弃华而不实，可供一线语文教师在日常教学中“借鉴”“操作”的课堂，就是要让广大语文教师认为“这很平常，我也会”的课堂。

其三，追求“草根”。语文教学研究要更加注重实际，要和语文教学实践紧密联系。语文教学的“草根”表达，即虽不来自名家，也不出自名师，但却是源于实践的有关语文教学的“自我表达”与“个性感悟”。语文教学研究必须接通地气，要从语文教学实践中发现问题、解决问题，最终回归实践，从而解决一线语文教师在实际教学中遇到的实际问题。语文研究追求“草根化”，即不谈太多玄乎高深的理论，而是注重实实在在提高学生的读写听说能力。

---

① 于漪：《语文教学现状的思考》，《语文教学通讯·高中》2016 年第 10 期。

四、语文教学“平民化”的价值意蕴

新课程改革的核心理念是以人为本，面向全体学生，为了每一位学生的发展。语文教学“平民化”的价值意蕴就是立足一线语文教学中的学情和教情，摒弃“高大上”，不玩“假虚空”，贴合学情，立足实践，展示教师“个性”，力求让学生“有得”。

（一）倡导语文本位，关注“学生实际”

现行学校中不同班类之间学生的层次差异很大，同一班级学生之间也存在较大差距。语文教学“平民化”就是倡导语文本位，面向绝大多数学生的实际情况，从“学生视角”出发设计语文教学。

一是关注到学生的“理解”。对于语文教学的文本，教者必须知道学生的理解程度如何，任何高估或低估都是对学情的误判。我们提倡教师备课前“裸读”，即教者不翻阅教参、教学案，摈弃先入经验的影响，预估自己对文本的理解，这样就能大致感受到学生对文本的理解，才能对学情的把握更加准确。我们也极力提倡对“文本”进行专业化的语文解读，摒弃过分强调新颖“怪异偏”的个性解读或文学解读。

二是服务于学生的“学习”。语文教学“平民化”就是要求教师的“教”最终要服务于学生的“学”。学生是课堂学习活动的主体，语文教学必须服务于绝大多数学生的“学”，调动绝大多数学生的积极性，这才是真正体现新课程改革的理念。简言之，就是课堂教学设计要服务学生的“学”；教学方法要服务学生的“学”；课堂教学过程中要关注学生的“学”。

三是致力于学生的“所得”。我们认为语文课堂的终极目标是学生“所得”，语文课堂评议更应向学生“所得”倾斜，这个“所得”应该是显性的“文”和隐性的“道”的结合之所得。简言之，学生“得”什么和语文教学目标的设置直接挂钩；学生怎样“得”和语文教师的教学方法、策略有直接关系，要适合绝大多数学生；学生是否“得”就应采取相应的测试和评价加以巩固。

（二）张扬教师个性，切合“教学实际”

每位教师面对学生的情况不一样，每位教师的能力水平、个性才华也不一样。语文教学“平民化”就是提倡一线语文教师不盲从、不迎合、不媚俗，避免将自己的语文课“寄人篱下”，而是要张扬个性，切合自身的教学实际。

一是要扬长避短，充分展现教者的“教学个性”。各类学校中的“名、优、特”教师在语文教师群体中毕竟占据少数，他们面对的学生也与一线语文教师实际所面对的学生有所区别，而且“名、优、特”教师的成长经历、研究侧重点也非每一位“草根”语文人所能复制。大部分普通老师则应警惕自己成为“名、优、特”教师的低级复制者，而应该充分发挥自己的个性和特长，只有这样，语文教学才能百花齐放。

二是要打破模式，教者充分发挥“教学才华”。当下的语文课模式化、雷同化非常严重，导致语文课堂千篇一律、人云亦云。我们认为一线教师应该充分展示自身“才华”，切忌将网上各种纷繁复杂的“教案”“学案”直接“拿来”使用，而应该立足自身的实际，始终站在语文角度，深入钻研文本，研读教材，制订适合自己与学生的“教学设计”。

三是要化繁为简，形成教者自身的“教学特色”。语文教学需要一线语文教师化繁为简、深入浅出，把复杂的内容简单化，而不是将简单的内容复杂化。语文教师更要避免各种华而不实的折腾，不搭设花架，不哗众取宠，让学生充分浸泡在文本中，沉浸在文本中，努力培养学生的语文学习兴趣和思维品质，在教文中立人，在语文的读写听说活动中，对学生进行人文精神的熏陶，从而形成教者自身的“教学特色”。

五、《听听那冷雨》教学案例分析

本案例为朱平获江苏省“师陶杯”论文大赛一等奖，作为特邀代表在吴江盛泽中学进行省级公开教学时的案例。此为第一课时，现摘要如下：

（一）案例

【教学过程】

导入

雨是生活中最常见的事物，由隶书的“雨”字引入和“雨”有关的古典诗词，激发学习兴趣，暗示本节课目标，如何写“雨”和体会情感。

初读体会

兼顾绝大多数学生，大致理解文本内容，搞清哪些文字围绕听雨来写。

（从教材比较容易的点切入，抓第5自然段“雨不但可嗅、可观，更可以听”。）

诵读鉴赏

1. 环节一【听听冷雨】

自由朗读第5—10段，边读边画出“听雨”的句子，根据预习情况，鉴赏作者是如何写“冷”雨的，写出了“冷”雨怎样的特点。自己简要批注，同学互读。

2. 环节二【品读鉴赏】

教师范读第 5 段，并作出鉴赏示例，请学生根据个人的学习情况，朗读自己喜欢的语段，相互交流，品读鉴赏。

（教者根据自身情况进行范读并指导学生如何鉴赏，同时关注学生的个性化学习特点。）

小结：运用修辞（绘“雨”形）

　　叠词、长句、短句（描“雨”音）

　　化用引用（增“雨”韵）

3. 环节三：作者除了从听觉上写“雨”，还从哪些感觉上来写“雨”？引导不同层次的学生关注作者通过其他感官来写“雨”的手法，重点解决第 3 自然段。

小结：余光中先生充分调动各种感官来写“雨”，视觉、听觉、嗅觉、味觉各种感觉一泻而下，汇成一曲华美瑰丽的交响乐。

4. 环节四：纵观全文，作者是从哪里的雨开始写起的？大致写到了哪些地方的雨？最后又在哪里的雨中结束的？引导学生理解作者在时空交错变化中写“雨”的方式，以此帮助学生大致理清文章的思路结构。

（此环节主要帮助学生理清文章的大致思路，为下面主旨的引导蓄势。）

小结：时空交错（融“雨”情）

余光中先生不愧是散文大家，运用多种手法来写“雨”，作者笔下的“雨”写得雨意盎然，可谓是酣畅淋漓，带给我们全新的审美体验。

体会情感

“听听那冷雨”，“听听”是听了又听，不止一遍地听，听了一遍又一遍，作者“听听那冷雨”到底想要传达出怎样的感情呢？

体会作者的故园之思、文化之愁。

（引导学生抓住关键的语句，关注不同层次的学生对文本主旨的理解，教者适时点拨、引导。）

课堂总结

余光中先生笔下的“冷”雨是感官上的雨，是时空中的雨，他所写的雨有形、有声、有色、有味。他笔下的是修辞之雨，是文字之雨，更是文化之雨，他站在一位远离大陆的游子视角，抒写出浓郁的故园之思以及对传统文化的深深眷念！

布置作业

尝试通过“听”觉来表达夏日的炎热，写一个 200 字左右的片段。

（二）分析

《听听那冷雨》为苏教版高中语文必修二第四专题“慢慢走，欣赏啊”板块下的一篇散文，本文语言优美，但主旨较难理解。教者倡导语文本位，更加关注学生学习的实际情况。

从语文教学“平民化”的特点出发，教者立足绝大多数学生的实际，教学目标提倡“一文一道”，且由“文”入“道”，即：通过诵读鉴赏，较为深刻地了解作者运用各种手法描写“冷雨”；通过诵读鉴赏，较为深刻地体会作者借“冷雨”所蕴含的故园之思、文化之愁。从教学环节上来看，教者简化了教学环节，教学主线是以如何写“冷雨”以及体会作者的情感来设计，紧紧贴近学生，通过反复诵读以及具体语句的品读，逐步深入到文本主旨的理解，力求让绝大部分学生课堂有“所得”。从语文教学“平民化”的实施来看，教者充分张扬个性，更加切合“教学实际”。课前查阅大量资料，先“拿来”，然后“抛弃”，以两条主线来构思设计整个教学。本文文质兼美，适合朗读，教者在教授中范读自己喜欢的段落，并就品读鉴赏“放样子”作出个性化示范，指导学生鉴赏。

教学过程中，教者关注学生的“理解”，并致力于学生“所得”。基于学生对余光中先生的人生经历、独特的情感、文化体验不甚了解，以及作者的语言特点、写作风格对此年龄段的学生来说也略嫌过深等情况，教者并未过度“深挖”文本，只要学生理解故园之思、文化之愁即可。本节课中较为显性的“文”之所得即如何写“冷雨”，通过教师“平民化”的课堂设计，学生应该可以在本节课学习中有“所得”。

语文课堂，是简简单单实实在在教学生学语文的地方，不是教师炫技的舞台，不是知识竞赛的考场。语文教学，需要返璞归真，走“平民化”路线，一切以课标为准、以学生为主，用最合适的方法教学生最需要的东西。这，才是真正的“语文”教学！

第三节　返璞归真，追求“平民”语文教学

语文教学历经那场声势浩大的世纪末“大讨论”，又经过十多年的课改，真的走出了当初“少、慢、差、费”的窘境吗？学生的语文素养真正得到了有效提高吗？语文教学真正改变了当初低效的状况吗？众多问题值得我们深思。新课改后，不少语文教学流派高举“人文”大旗，将语文热捧在“贵族化”的盛宴中。语文教学“贵族化”倾向，更表现在教学“套路”的过度奢侈。[①] 因此，我们提倡语文教学的返璞归真，寻求真正适合“平民”的语文教学，呼唤语文教学的回归，倡导“平民”语文教学。

---

① 范红、王家伦：《语文教学：请走出“贵族化”的怪圈——论“平民”语文教学的建构》，《教育与教学研究》2012 年第 8 期。

一、“贵族”语文，请让位“平民”教学

语文就像一个筐，青菜、萝卜什么都可以往里装，就是不装“语文”。语文已经成了“贵族们”热身的竞技场，已经和平民百姓相隔甚远。“贵族化”语文有如下特点：一是对象精英化——漠视多数学生的实际情况，追求“精英”教学；二是程序繁琐化——语文教学环节繁复、贪多务得、细大不捐；三是手段多样化——唱歌、表演、绘画等齐上阵，现代化媒体运用狂轰滥炸；四是人文泛滥化——追求所谓情感熏陶和诗意栖居，使语文课尽豪华之能事。

我们认为语文教学亟须回归其本位，应当摒弃“贵族化”，追求“平民化”。“平民化”语文有如下特点：一是对象平民化，注重绝大多数学生的实际情况，回归学生本位，以学生为本；二是程序简洁化，所谓大道至简，教学目标明晰，教学程序便于操作；三是手段高效化，每一种教学手段紧扣目标，来促进教学目标的实现；四是语文本位化，不空谈，不虚化，注重学生读写听说能力的培养。

相对“居庙堂之高”的“贵族化”语文而言，“平民化”意味着亲民，接地气，摒除一切高不可攀仰视的姿态。走“平民化”语文教学之路，也就意味着倾向一线语文教师的教学实际。

“平民”语文的基本理念，主要体现在其追求返璞归真的语文本色与品质。首先，“平民”语文认为语文必须守本务实，要立足语文学科的基本属性，是“工具”而非“人文”。“贵族化”语文动辄将语文推到诗意或是生命的殿堂的高度，让语文变得什么都像，就是不像语文。语文需要诗意的栖居，更需要为学生打一点精神

的底子，甚至需要进行生命教育。但殊不知在中小学阶段，每门学科都具有“人文性”因素，语文学科难以独自承载“人文缺失”之咎。况且多年来，思想品德课、心理课在情感熏陶、生命教育等方面应已成熟，为何语文学科却要独挑其大旗？所以，“平民”语文认为语文老师首先要种好“自己的田地”，不能种了“别人的田”而荒了“自己的地”。

“贵族化”提倡的情感熏陶、诗意栖居、生命感悟等，仅仅通过某堂课的教学如何能实现？如林清玄在《可以预约的雪》一文中提及要“深深去认识生命里的‘常’与‘变’，并因而生起悯恕之心，对生命的恒常有祝福之念，对生命的变化有宽容之心”。试问，通过一堂语文课的学习，学生是否能够真正懂得对生命的悯恕、祝福和宽容？这样复杂的人生命题，林清玄是经历人生的大悲和沉浮之后才参悟透的。且不谈学生能否理解，又有多少语文教师能够真正理解，并在自己的生命中做到悯恕、祝福和宽容？

其次，“平民”语文认为语文教学必须借助“工具”来渗透“人文”。

工具性与人文性的统一，是语文课程的基本特点。至于如何统一，“贵族化”语文认为语文教学可以通过“人文性”的熏陶来实现对“工具性”的把握。“平民”语文并非排斥人文，而认为必须借助“工具”来渗透“人文”。浙江师范大学的王尚文教授曾说：“语文课程对学生进行人文教育，不能离开语文本体而必须强调渗透。”①“平民”语文认为语文教学中的“人文”因素摇摆不定，有的甚至就是“雾中花”“水中月”，如果以此为基础，何谈对“工具性”的把握。所以，企图通过“人文性”来实现“工具性”的设想是难以

① 王尚文：《语文教学要走在“语文”的路上》，人大复印资料《中学语文教与学（初中读本）》2005 年第 1 期。

成功的，语文教学必须借助“工具”来渗透“人文”。

最后，“平民”语文认为“工具”应摈弃以“应试”为导向繁琐复杂的弊端，而要探寻语文教学规律，建构语文教学有效系统，寻求语文的真本色，呼唤“平民化”语文教学。

二、简化环节，做点“平民”的实事

“平民”语文教学始终立足语文本位，立足学生视角，立足平民教学，追求简洁高效的语文教学。所以其教学过程摒除了“贵族化”的繁琐复杂，坚守语文教学的品质，守本务实，提倡“一课一得”和“环节简化”。

（一）追求“一课一得”与“以得定教”

“平民”语文教学追求“一课一得”，这里的“得”是指“文”之所得和“道”之所得。就一堂课而言，主要应立足于“文”之所得，而不是“道”之所得。原因有三：一是中学语文教材所选文本中的“道”存在不确定因素；二是一堂课“道”之所得很难有一个衡量的标准，而“文”之所得较好操作，便于检测；三是“道”之所得必须借助“文”之所得来渗透。

“平民”语文教学立足于“一课一得”，所以教学过程中的目标设置应该重点围绕“文”之所得。在教学过程中的每一个环节都应围绕“得”来铺垫或设计，每一个环节，都应该是课堂教学目标达成的坚实一步，在设计教学过程时，必须考虑到教学目标，摒弃那些与目标无关或基本无关的“整体感知”“拓展延伸”，并在课堂导入、作业布置和板书设计时始终围绕终极目标。[①]

---

① 高群、王家伦：《论语文课堂教学过程与目标达成——对新课改的理性反思》，《中学语文教学参考》2012 年第 10 期。

“平民”语文的“以得定教”主要立足于三个方面：一是以“得”定教学程序，教学目标达成过程中的每个环节都应围绕目标来设计，不走弯路；二是以“得”定教学方法，教学方法便于操作，简单高效；三是以“得”定学习方法，注重学生语文读写听说能力的训练。

（二）崇尚“环节简化”与“务本求实”

“平民”语文崇尚教学环节的简化，提倡不搭花架、不走弯路、删繁就简。一般说来四五个环节即可，并且这四五个环节环环紧扣，层层递进，直至课堂教学目标的最终达成。“平民”语文提倡教学环节的“简化”是针对“贵族化”语文的“繁琐”而言的，摒弃了教学环节的繁复冗长，便于集中主要力量击破教学中的重点和难点。

如何简化教学环节？黄厚江提出课堂教学设计的优化，必须学会做减法。到底什么该减什么不该减，可以参照这样几条标准：一是有害无益的一定要删减；二是影响学生学习的一定要删减；三是可有可无的要尽量删减；四是影响主要目标的要尽量删减。①

此外，“平民”语文还崇尚语文教学的“务本求实”。苏教版教材主编张庆就提出，语文应当“倡简、务本、求实、有度”。“务本”，是紧紧抓住语文的本体及文本，就是教师不仅自己要钻研文本，还要引导学生钻研文本。“求实”，是课堂和教学研究都要倡导“三实”——真实、朴实、扎实。② 我们认为语文教学过程中的“务

---

① 黄厚江：《语文的原点——本色语文的主张与实践》，南京：江苏教育出版社，2012 年。

② 杨伟广：《建立面向未来的母语教育新体系——访苏教版小学语文教材主编张庆》，《小学语文教学·人物》2011 年第 3 期。

本求实”还应始终站在语文姓“语”的本位上，教文立人，实实在在培养和提高学生的读写听说能力。

三、语文本位，应站在“学生”视角

“平民”语文人无须考虑太多“肉食者谋之”的问题，只需顾及“平头百姓”的衣食住行、柴油酱醋等日常所需，本着教文立人的理念就行。所以，“平民”语文人心中始终装有学生，其教学评价也应站在学生的视角。

（一）教师的“教”是否服务于学生的“学”

“平民”语文认为教师的“教”除了要从基本的教学规范着手，还要从这堂课是否姓“语”和是否抓住文本“个性”的角度来评判。“平民”语文教学评价认为教师“教”最终要服务于学生“学”。“平民”语文教学最基本的立足点就是学生的“学”，也就是黄厚江所说的学生立场。[①] 漠视学生“学”的语文课，怎么评判都不能算是一堂好课。那么，教师的“教”如何服务于学生的“学”呢？

首先，“平民”语文的课堂教学设计要服务于学生的“学”。某教师教授英国作家高尔斯华绥的一篇短篇小说《品质》时，课件上第一张 PPT 是作者画像，第二张 PPT 上是一双靴子的图片。教者设计了两个问题：先问学生第一张 PPT 图片是谁，然后问第二张 PPT 图片是什么。这样的设计就没有服务于学生的“学”，教学设计的无效性直接影响了学生的“学”。

其次，“平民”语文的教学方法要服务于学生的“学”。最基本的操作是要根据不同课型，如新授课、复习课、写作课等确定不同

① 黄厚江：《语文教学，应有学生立场》，《中学语文教学参考·初中版》2011 年第 3 期。

的学习方法；还要根据文本的个性，如针对散文、诗歌、小说、戏剧等不同文本确定不同的学习方法。

最后，“平民”语文的教学方法还要服务于绝大多数学生的“学”。如果整堂课，教师的“教”只是为了少部分“精英化”学生，漠视了大多数“平民化”的学生，导致“平民”学生成了“沉默的大多数”，这肯定违背了“平民”语文教学的初衷。

（二）是否培养学生的思维内涵和语文品质

“平民”语文教学认为学生积极发言、课堂气氛活跃仅仅是表象，而学生在课堂上积极思维、真正思考才是语文课堂教学本真。

新课改后，我们发现不少语文老师很喜欢运用“小组合作探究”的教学方式，乍看学生热热闹闹地讨论，课堂气氛异常活跃，但是，在交流时发现小组讨论并没起到作用。其实，很多老师只是借用小组合作探究的花架，不理解语文教学中何时适合运用小组讨论，小组间的成员应如何分工、如何讨论，怎样讨论才有实效。

又如某教师在教授文言文《廉颇蔺相如列传》时，事先让学生排演好“完璧归赵”的课本剧，整节课就是让几个学生表演给全班学生看。学生看得津津有味，但是学生文言文学习的素养和能力究竟如何得到提高呢？

所以语文教学仅仅浮于表面的繁华热闹肯定是不行的，因为学生的思维没有真正动起来。“平民”语文追求的是思维课堂，让学生的思维真正活跃起来。某语文教师教授苏教版（七上）《七颗钻石》这篇课文时，整节课围绕的重点就是“想象手法的运用”，[1]并以此来提升学生的思维能力。我们认为这样的课堂才是真正

① 丁芸、王家伦：《语文复习，请借助“拓展延伸”》，《语文教学研究》2012年第7期。

的思维课堂。

此外,“平民”语文教学还注重培养语文阅读的品质。审视当下语文课堂,充斥着阅读的浮躁和教学的急功近利,令语文课堂的杂质增多,直接影响了语文课堂的品质,甚至是语文教学的品质。教师和学生对待文本是“来也匆匆,去也匆匆”,还没有真正“进入”文本,就已经开始拓展延伸,“走出”文本了。客观原因可能是新教材篇目和容量的增多,导致教学时求多务全,而最直接的原因是语文阅读品质的丧失。语文教学中漠视文本、漠视阅读,导致语文学习沉浸文本、圈点勾画、咀嚼品味的意识全无。

(三) 课堂的终极目标是否为学生“所得”

“平民”语文教学课堂的终极目标是学生“所得”,语文课堂评议更应向学生“所得”倾斜,这个“所得”,应该是显性的“文”和隐性的“道”的结合之所得。语文课堂让学生到底“得”到什么?怎样“得”?“得”到没有?应该是“平民”语文人共同追求的目标。只有思考这样的终极问题,“平民”语文教学才能真正落到实处。

就学生“得”什么而言,这应该和语文教学目标的设置直接挂钩,教学目标的设定应是学生“得”的具体内容。所以语文教师要针对语文教学的不同内容,设置合理的教学目标。

就学生怎样“得”而言,这和语文教师的教学方法和策略有直接关系,教师如何“教”对学生“得”有很大作用。所以语文教师要采取适合大多数“平民”学生的教法。

就学生是否“得”而言,应采取相应的测试和评价加以巩固。因为“平民”语文教学是向学生读写听说能力的提高倾斜,向“有效”倾斜,所以学生最终的“得”会有保障。

因为“平民”语文教学注重“一课一得”和“以得定教”,并致力于学生思维和语文品质的培养,“平民”语文课堂评价向“学生得到什么”倾斜，向学生读写听说能力的提高倾斜，向“有效”倾斜，所以这才是真正意义上的“以学生为主体”，这才是语文教学的返璞归真！①

摈弃“贵族化”倾向，追求“平民化”语文教学应成为当今语文教学的主要任务。“平民”语文应如一位知心的友人同他的学生进行平等的对话，亦应如一位和善的长者与他的学生进行友善的沟通。“平民”语文人站在最草根的舞台仰望着语文人最初的梦想，那就是脚踏实地，仰望星空，让语文回家，让语文返璞归真！

① 王家伦：《学生“所得”是语文课堂评价的终极目标》，《中学语文教学》2008年第8期。

第二章　语文教学“平民化”的途径

摒弃语文教学表面的纷乱，才有可能回归语文教学的本质。语文教学必须从学生实际出发、从教材实际出发、从教师实际出发，才能避免盲目与无序。本章着重探讨实现语文教学“平民化”的途径，从语文教学实际、平民视角、教学目标设定等几个方面作了阐述。

第一节　追求“平民化”，从实际出发教语文

当今的语文教学，已经脱离大多数学生的需要，成了赤脚穿皮鞋的“贵族”。摈弃“贵族化”倾向、追求“平民化”的语文教学，应成为当今语文教学的主要任务。语文教学“平民化”致力于紧贴语文一线教学实际，从实践中探寻语文教学规律，建构语文教学的有效系统。语文教学“平民化”提倡语文教学活动一定要从实际出发，不需要空洞的理论说教，而需要脚踏实地去研究实际。

一、从教材的实际出发

语文教学“平民化”提倡阅读教学必须从教材的实际出发，这样才能避免语文教学的盲目性和无序性。

（一）紧扣文本的“个性”

教师如果对教材、文本只是浅尝辄止的探析，或是隔靴搔痒式的敷衍，匆匆套用某种教学模式来进行语文教学，其后果不堪设想。

就教材中不同文体的阅读教学来说，其教学内容的重点是有基本规律的。实际教学中，有必要从以下几个维度考虑教材文本的“个性”：一是教材中不同范畴文本的“个性”，如非文学作品与文学作品差别较大。二是教材中不同文体文本的“个性”，如同样是文学作品，散文教学应有散文教学的一般特点和规律，小说教学应有小说教学的大致思路和方法，诗歌教学应上出诗歌特有的味道，而剧本教学也有其鲜明的特征。三是教材中同一文体下不同文本的“个性”，例如同是小说教学，不同小说篇目的“个性”也不同。

教材中不同文本都有其独有的特色，每篇文本所承载的“文”和“道”也大不相同，所以教学方法和策略也要各有所宜。教学因具体文本的特点和教师教学个性的不同，也要各有所取。

语文教学“平民化”倡导“一课（一个课时）一得（文道各一得）”，认为教学目标设置时必须向教材文本的“个性”倾斜，绝不能千人一面。以不同体裁文本为例，如欧·亨利的小说《最后的常春藤叶》要关注“欧·亨利式”的结尾；林清玄的散文《可以预约的雪》中由物及人展开联想、想象的手法别具一格；曹禺的戏剧《雷雨》以剧情的矛盾冲突和戏剧语言见长；文言文《阿房宫赋》因“赋”体文章的表现手法独具特色。

（二）不迷信，从“语文”出发重新组元

从教材的实际出发，需要教者不迷信、不盲从，不一定严格按照教材的已有体系，可以从“语文”出发重新组元，可考虑建构“山寨版”的教材体系。

目前苏教版高中语文教材主要以“人文”话题来统领专题。孟凡军先生曾指出：“这种人文话题的组元结构，使众多文体差异巨大的文本被刻意组合在一个主题内涵之下，容易造成教师对教材的误读，致使课堂教学过于偏重人文性元素，而忽略语文的工具性元素。”①

如何建构“山寨版”的教材体系，使之更加适合一线的语文教学实际呢？我们没有选择教材的权利，但有使用教材的权利。语文教学“平民化”认为从“语文”出发重新组元，就是尊重实际，是对教材“个性”最有效的利用。具体可从以下几个方面着手：

一是教材内部重新组元。以苏教版高中语文必修一教材为例，必修一由“向青春举杯”“获得教养的途径”“月是故乡明”“像山那样思考”四个专题构成。实际教学中可打破常规，对教材文本重新整合，可按如下顺序进行操作：

《十八岁和其他》、《我的四季》和《我的五样》，针对高中生刚入学的特点，做好初高中衔接教育，学会写书信体文章，可让学生思考如何抒写“我的青春”。

《江南的冬景》和《西地平线上》组成写景散文单元，重点落实如何细致描绘景物的特点，体会世间的“柔美”和“壮美”。

《想北平》、《我心归去》、《前方》和《今生今世的证据》组成抒情散文单元，重点落在作者用怎样的手法表达内心的情感。

《获得教养的途径》和《青年在选择职业时的考虑》组成议论文单元，从议论文角度重点分析论证思路及论证手法。

---

① 孟凡军：《主题组元教材课堂教学的工具性缺失是谁之过——以苏教版高中语文必修教材为例谈起》，《语文教学通讯》2010 年第 12 期。

《劝学》、《师说》和《赤壁赋》、《始得西山宴游记》组成文言文单元，帮助学生积累基础的文言词语和文言现象。

二是教材之间重新组元。如苏教版高中语文教材中的写景抒情散文可整合为一个单元，必修一第四专题“像山那样思考”——“谛听天籁”板块下两篇写景散文《江南的冬景》和《西地平线上》，必修二第四专题“慢慢走，欣赏啊”——“一花一世界”板块下一篇写景抒情散文《荷塘月色》，必修三第一专题“祖国土”——“江山多娇”板块下两篇写景抒情散文《祖国山川颂》和《长江三峡》，这些篇目顺序可作如下调整并整合：

1. 刘白羽《长江三峡》，着重学习作者抓住三峡特点移步换景的写法。

2. 高建群《西地平线》，重点学习作者从不同角度抒写同一对象的写作方法。

3. 郁达夫《江南的冬景》，重点学习作者运用多种感官、多角度写景的手法。

4. 朱自清《荷塘月色》，定位在赏析荷塘月色美景，领悟作者情景交融的写作手法。

5. 黄药眠《祖国山川颂》，学习作者全景式铺陈和片断式描写的写景特点。

以此类推，苏教版高中语文教材的小说篇目也可整合在一个单元，如必修二教材中欧·亨利的小说《最后的常春藤叶》可重点探讨小说情节的设置；必修三教材中高尔斯华绥的小说《品质》重点赏析环境描写的作用；必修四教材中雨果的小说《一滴眼泪换一点水》重点分析人物形象的塑造。这三篇文本在小说三要素中的“个性”不一样，因此可将其归在一起进行分析，让学生对小说的三要素有深刻的理解。

三是课内课外重新组元。实际教学中，我们发现苏教版高中语文教材以“人文”话题来统领，选文较为零散不成体系，不利于学生的“举一反三”。如果像上文所述打通部分必修教材，高一学生手中教材往往还不齐备。所以，我们不妨从读本或者课外选文，适时“拓展”，增添补充“活水”，更加便于操作。如必修二教材中只有两篇写人文章，汪曾祺的《金岳霖先生》和孙犁的《亡人逸事》，我们还可从相配套的必修二读本中借入“半瓣花上说人情”专题下的三篇写人文章，即胡适的《记辜鸿铭》、丰子恺的《怀李叔同先生》和巴金的《怀念萧珊》。如果学生学有余力，还可补充课外写人文章，如老舍《我的母亲》、汪曾祺《多年父子成兄弟》、卞毓方《北大三老之季羡林》等作为自读篇目帮助学生体会写人文章的特点。

二、从学生的实际出发

语文教学“平民化”认为语文教学要从学生学习水平和接受能力的实际考虑教学活动。不同学校，学生语文基础参差不齐；同一学校，不同班级的语文水平也存在差距；同一班级，不同学生的语文基础、学习兴趣、接受能力肯定不同。

语文教学“平民化”最基本的立足点就是学生的实际情况，也就是黄厚江老师所说的学生立场。[①] 漠视学生实际情况的语文课，怎么评判都不能算是一堂好课。我们认为从学生的实际出发，可以从三个方面入手。

一是要关注“平民”学生。语文教学“平民化”尤为关注“学生

---

① 黄厚江:《语文教学，应有学生立场》,《中学语文教学参考·初中版》2011年第3期。

视角”，所以教学目标的设计也必须考虑到学生的特点。教学时必须关注到“重点”中学的“平民”学生或“非重点”学校的学生，所以教学目标设计时也必须向这些学生倾斜。如面向“非重点”学校的普通学生的写作教学，就不可一味追求立意深刻，而要实实在在教授学生在写作中“写”什么，如何“写”；实际上，教会学生清楚明白地表达自己的情感或观点即可。

二是要关注学生基础。从笔者所在的四星级高中来看，高中生课堂上回答问题时一言不发的大有人在，有学生读课文时一段文字都不能流利顺畅地读下来。上述语文教学的窘境如果仅仅归咎于“经典的缺失”或者是缺少“精神的涵养”，显然于事无补。一线语文教学如果不考虑学生的实际情况，过分“拔高”“虚化”，追求精神熏陶、诗意人生、生命语文，让学生流连于各种主题讨论、主题活动中，抑或沉湎于声、色、光、影中，而对学生读写听说能力的提高全然不顾，这样语文教学才真正找不到回家之路，才真正到了“最危险的时候”，可谓害人匪浅。

三是要关注学生“个性”。每个学生的性格、兴趣、爱好、特长以及各自人生阅历、生活感悟等都各不相同。所以，从学生的实际出发，语文教学“平民化”还应向学生“个性”倾斜。笔者在教授史铁生《我与地坛》一文时，发现中学生对作者“生”与“死”的感悟并不深刻。一是因为“生”与“死”的感悟对学生来说过于宽泛、虚化，二是因为学生对作者独特的经历缺少生活体验。与其教学时将目标定位在“理解作者残疾后对‘生’与‘死’的感悟”，倒不如将教学目标定位在“理解文中三段景物描写的特点及其作用”，然后通过景物描写初步了解作者的生命感悟。

三、从教师的实际出发

语文教学“平民化”提倡语文教学要从教师实际出发，需要向教师“个性”倾斜。我们认为一线语文教学需要教者扬长避短，充分展现“个性”。同时，还需要教者不盲从、不迎合、不媚俗，一切从语文教师“教”的实际出发，从实践中来，到实践中去，真正解决一线语文教学中的问题。

（一）扬长避短，充分展现教者“个性”

“平民”语文教师如何教学，确能引发一线语文教师的深思。各类学校中的“名、优、特”教师在语文教师群体中毕竟占据少数，他们面对的学生也与“平民”语文教师所面对的学生有所区别，而且“名、优、特”教师的成长经历、研究侧重点也非“平民”语文人所能复制。所谓“一枝独秀不是春，百花齐放春满园”，语文教学只有充分发挥每位教师的“个性”，才能百花齐放。

“平民”语文教师应始终坚守语文本位，始终立足教学实践，扬长避短，发挥自己的优势。如有的语文教师擅长朗诵，教学中适时范读课文，可以起到很好的教学效果；有的教师擅长写作，写作教学时示范作文，对学生的作文水平和兴趣提高会有很大作用。再如教师教学语言有的生动华美，有的朴实无华，其实只要发挥各自特长，充分与学生交流互动即可。

相反，有的语文教师粉笔字不一定很漂亮，那么板书就可以精短、简练，有的也可以通过现代化媒体展示；有的语文教师普通话不是很标准，有时可通过名家范读来避其“短处”，有时也不妨尝试真挚有感情的朗读，这种“献丑”也能引起学生的共鸣；文笔不是很好的老师，如果不能展示出自己的写作，可以多展示学生的习作，教师适时点拨、点评即可。

（二）不盲从，根据自身条件解决实际问题

语文教学“平民化”贵在不盲从、不迎合、不媚俗，一切从实际出发。我们认为一线语文教学不能盲从所谓的“专家”“学者”的各种理念，盲目地将自己的语文课“寄人篱下”。教师面对的学生的实际情况不一样，每位教师的能力水平、个性才华也不一样，所以语文教师必须从自身的教学实际出发。

语文教学要能解决教师在一线教学实际中遇到的问题。所以，我们应该打破那些花样百出的语文教学模式的桎梏，将网上各种纷繁复杂、千奇百怪的“教案”“学案”先“拿来”，然后删选取舍，甚至全部抛弃，所有的基点都应立足于自身实际情况。

第二节　“深文浅教”时的“平民视角”

当下的语文阅读教学面临这样的窘境：一方面，教材编排了一些内容较深的文章；另一方面，教师对这样的文章有过度挖掘之势。殊不知，这对大部分的学生而言，势必造成严重的消化不良。既然教师无权选择教材，那么，针对阅读教学中所遇到的“深文”，我们必须有“平民视角”，始终站在“学生”的立场上；要善于并敢于“浅教”，要做到备课“深入”、教学“浅出”，从而构建符合实际的“平民”语文课堂。①

---

①　王家伦、胡洁：《阅读教学：为何不可以“深文浅教”？——由〈幽径悲剧〉想起的》，《中学语文教学》2012年第11期。

一、深文中的“学生”视角

我们没有选择文本的权利，但有处理文本的权利。即针对语文课本中思想内涵较为深厚的课文，充分结合学生特点教得适当浅显一些，以保证大多数学生的精力能放在语文知识学习与语文能力培养上。[①] 面对一篇“深文”，学生已经能读懂些什么、哪些是学生不理解的、学生难于理解的障碍是什么，这些教者都应密切关注。

（一）遵循规律，关注学生的纵向差异

发展心理学，也称“思维发展心理学”或“儿童发展心理学”，认为教育的实施要适合儿童身心发展的阶段。皮亚杰把儿童心理发展过程分为四个阶段，其中少年期（11—15 岁）是“形式运算”（一译“形式操作”）期，是由儿童向青年过渡的时期，生理和心理变化加速。[②] 小学生、初中生、高中生的思维发展各不相同，如果教材选文年级安排不甚恰当，教者在处理教材时，应尽可能多地关注到不同年龄段的学生思维发展规律。

诸如苏教版八年级语文上册“人与环境”单元中季羡林的《幽径悲剧》一文对于初二学生、苏教版高中语文必修三史铁生《我与地坛》一文对于高一学生，相对脱离学生的生活实际和情感体验。所以，语文教学务必要关注学生的思维发展规律，应从不同年龄学生的思维特点出发，根据纵向的年龄特点因材施教。我们没有选择教材的权利，但是却可以精心处理文本，遇到脱离学生实际

① 王新惠：《论在语文教学中发展学生的思维能力》，《许昌师专学报（社会科学版）》1998 年第 2 期。

② 郭念锋：《心理咨询师（基础知识）》，北京：民族出版社，2012 年。

年龄特点的文本，尽可能“避其锋芒”，始终从学生的心理特点和理解能力出发。

（二）承认事实，关注学生的横向差异

同一个班级，不同层次的学生语文学习水平和能力呈现出差异是必然的，如在语文课堂表现、听课习惯、语文学习心理、阅读习惯和阅读理解能力等方面的横向差异。所以，“平民化”语文教学认为要切实关注班级学生的这些差异。在针对深文的阅读教学中，我们更要注重学生“个”的差异。针对深文的阅读教学定位，应是让 80%的学生理解掌握课堂所学的 80%以上，即让绝大部分学生在一篇较深文本中的“文”和“道”方面均有所得。此外，深文的阅读教学中，我们还应该用丰富的、有吸引力的、重点突出的教学设计和教学方法来吸引学生注意，使之参与到课堂的思考和活动中来。

例如苏教版高中语文《现代散文选读》中于坚的《云南冬天的树林》一文，针对这样一篇公认的深文，我们就必须关注到学生阅读理解能力上的差异。第 1 课时“文”的教学目标定为“理清文章由云南冬天的树叶写到树林的思路和结构，通过文本词句来理解文本大致意思”；“道”的教学目标定为“引导学生揣摩作者摆脱‘意义’束缚，放下‘自我’姿态的生命哲思”。可以采取探究式的层层推进、逐步追问的教学方法来激发学生的阅读兴趣和理性思考。所以，针对班级学生的横向差异，在“深文”的阅读教学中，应该兼顾班级不同学生的层次，问题设计应呈现梯度，由浅入深，逐步深入提高。在学生不易理解之处，通过教者的引导尽量结合学生的生活实际等化繁复为简单、化抽象为形象。

二、深文宜“深入浅出”

其一，要高屋建瓴，深入研究。“深文浅教”不等于教学流于表面、浮于浅层，其前提是教者备课时的“深入”。教者在教材、文本的研习上只有站得高、望得远，备课时无限“深入”，课堂才能举重若轻。“深入”文本时大致有如下方法：一是“深入”研读有关文本的研究资料，对文本理解要切中要害；二是“深入”研究有关教学案例，了解他人教学设计优劣，大胆取舍；三是集中备课组“智慧”，结合所教学生特点，不走弯路，始终贴近文本、贴近学生；四是个性化的解读和独特的思考，目的是帮助学生梳理文脉，化繁为简，易于理解。

其二，要降低起点，避其锋芒。语文教学必须有“平民视角”。对于文本内容比较艰深的篇目，教者在处理教材的时候不妨先“避其锋芒”，从学生容易理解的地方入手，找准切入点，逐层深入推进。苏教版高中语文教材中有不少深文，这类文章有的是因为说理较为抽象，具有思辨性，如徐志摩的《翡冷翠山居闲话》、于坚的《云南冬天的树林》等；有的是因为思想深刻，鞭辟入里，如鲁迅的《药》《春末闲谈》等；有的是因为和学生的生活实际、情感体验相距甚远，如刘亮程的《今生今世的证据》《寒风吹彻》、史铁生的《我与地坛》《想念地坛》等。对于这些文本的“锋芒”之处，教者不一定要完全深入或者一味深挖，而要根据学生的实际情况，视学生理解掌握的情况而定。

其三，要抓住要害，重点击破。对于“深文”的教学，在课时和学情限制的条件下，应紧紧抓住这些文章的要害。如果抓手选取较好，找到巧妙的切入口，可以提纲挈领，省时省力，事半功倍。

如鲁迅《药》中的双线结构、《春末闲谈》中的类比手法，史铁生《我与地坛》第一部分中的三段景物描写，刘亮程《今生今世的证据》中的多重排比手法的运用、《寒风吹彻》中的时空转换的视角等，要在这些“深文”颇具文本“个性”的方面重点击破，而情感态度、价值观方面的内容应该“渗透”在教文的过程中。上述篇目深文，如果将力气放在小说《药》的深刻主题思想，或者是史铁生对“生与死”的思考感悟上，文本教学往往会是水中月、雾里花。

其四，要化深为浅，深入浅出。余映潮老师曾撰文《把浅显的文章教得深厚一点儿》，提出要“浅文深教”的观点。[①] 但如果从“平民视角”出发，就应考虑把深厚的文章教得浅显一些，把复杂、艰深的文章简化，深入浅出，力求让学生易于接受。受余老师启发，针对“深文”，我们可以这样着手：一是要深入研究，精读细研文本，从“深文”中发现、提炼出符合学生实际情况的学习内容和训练要点；二是要精于“设计”，教学设计可以由浅入深，逐步深入，渐入佳境；三是要适当降低教学难度，大胆舍弃，抛弃那些教了也不易理解的内容，避虚求实，巧搭台阶，投石问路；四是要给学生充分阅读文本的时间，通过情景创设、诵读鉴赏、问题探究、背景补充等不同的教学方式，帮助学生化深为浅。

三、“深文浅教”教学案例评析

《听听那冷雨》为苏教版高中语文必修二第四专题“慢慢走，欣赏啊”板块下的一篇散文，本文语言优美，但主旨较难理解。学生为高一新生，本篇文章比较深，学生刚入高中，鉴赏水平不高，

---

① 余映潮：《把浅显的课文教得深厚一点儿》，《中学语文教学》2012 年第 6 期。

尤其是对主旨的理解和把握还存在障碍，所以在一课时的教学中应尝试深文浅教(具体案例请参见前文所述)。

从“平民”的情感、“平民”的视角出发，我们的教学目标设定不一定要那么“高大上”，可以就设定为：

1. 通过诵读鉴赏，较为深刻地了解作者描写“冷雨”运用的各种手法，即“文”之所得；

2. 通过诵读鉴赏，较为深刻地体会作者的故园之思、文化之愁，即“道”之所得。

笔者在备课时“深入”文本，先查阅了大量的资料，研读了《听听那冷雨》相关的赏析文章，了解到余光中先生“真想在中国文字的风火炉中，炼出一颗丹来”。同时，笔者又研读了相关的教学案例，发现以如何写“冷雨”为中心的教学案例几乎没有，最终确定了以“作者是如何写‘冷雨’的？从作者的‘冷雨’到底听到了什么？”来构思整个教学过程，在教学过程中先放后收，逐步让学生理解本文的主旨。

从学生的年龄段特点来说，高一新生对余光中先生的人生经历以及独特的情感、文化体验不甚理解。此外，作者的语言特点、写作风格对此年龄段的学生来说也略嫌过深，所以教者授课时，舍弃了该部分内容，而通过一堂课的学习来深刻体会作者的故园之思。

从“因材施教”的角度来说，教者较为恰当地处理好了教师、教材、学生三者之间的关系：一是教师之“材”，本文文质兼美，适合朗读，教者在教授中范读自己喜欢的段落，并就品读鉴赏“放样子”作出示范，指导学生鉴赏。二是教材之“材”，即舍弃文本较深且晦涩难懂的内容，不对文本过度“深挖”，理解故园之思、文化之愁即可。三是学生之“材”，教学设计紧紧贴近学生，始终考虑到学生的理解障碍，力求让绝大部分学生课堂有“所得”，并通过反复诵读以及具体语句的品读，逐步深入到文本主旨的理解。

在教学预设中，首先考虑到班级学生的横向差异，如有的学生对运用各种修辞手法写“雨”较为了解；有的学生对通过各种感官写“雨”较为了解；有的学生朗诵水平和鉴赏水平较高；有的学生对文本的理解还能有独到的见解。这些都是不同层次的学生在文本理解上可能出现的差异，有必要给予关注。

其次，针对学生文本理解的障碍，有必要降低教学起点，避其锋芒，将文本先重点定位在“听雨”文字的描写部分，尤其是如何写“雨”的，以这样的一个点向全文扩散。初读体会主要是对文本有一个大致的理解，在诵读鉴赏教学过程中，环环相扣，以“文”的教学来逼近本节课目标，逐步推进到对全篇思路的把握，在其过程中逐步体会作者的情感，在下面课时中进一步探究文章主旨。此外，在本节课教学方法的运用上，主要借助诵读法、鉴赏法，而稍辅助多媒体课件。

所以，我们认为阅读教学中的“深文”，必须从“平民视角”出发，始终站在“学生”立场上，教者要始终从教育规律和教学实际出发，关注学生的纵向差异和横向差异，备课时高屋建瓴，授课时“深入浅出”，力求让不同层次的学生在课堂上都有所得。

第三节　由“阶段目标”到“终极目标”
——论语文教学的目标追求

正所谓“罗马不是一天建成的”，“平民化”语文教学认为语文教学的“终极目标”达成也并非一朝一夕，而需要若干阶段目标的点滴积累才有可能实现。所以，语文课堂教学就有必要层层推进、环环紧扣，以便达成每堂课的目标。然后，通过每个单元、每个学期、每个学段目标的实现，螺旋上升，最终直至语文教学“终极目标”。

“平民化”语文教学提出这样的观点：“义务教学阶段各学段目标——趋向具体化；学期教学各阶段目标——应该‘语文’化；课堂教学各阶段目标——必须层递化；实施阅读教学阶段目标——必须实际化。”①

一、“阶段目标”需具体实在

语文课程目标“分为总目标和阶段目标两部分。就目标设计的结构框架来说，纵向是情感态度和价值观、过程和方法、知识和能力这三个维度，但这是隐性的线索；横向则是识字与写字、阅读、写作、口语交际、综合性学习五个方面，这才是显性的呈现”②。

（一）课程目标需细化为教学目标

《义务教育语文课程标准(2011 年版)》提出：“课程目标从知识与能力、过程与方法、情感态度与价值观三个方面设计。三者相互渗透，融为一体。目标的设计着眼于语文素养的整体提高。”③

其一，我们要对课程的“三维目标”有较为准确的认识。“三维目标”中只有“知识与能力”才可细化为显性的具体的教学目标；“情感态度与价值观”甚为“隐性”，颇难细化为具体的教学目

---

① 王家伦、张悦：《罗马不是一天建成的——论阅读教学“阶段目标”的设置与落实》，《语文世界(教师之窗)》2013 年第 6 期。

② 方智范：《关于语文课程目标的对话(一)》，《语文建设》2002 年第 1 期。

③ 中华人民共和国教育部：《义务教育语文课程标准》，北京：北京师范大学出版社，2012 年。

标，需要在语文教学的过程中渗透；而“过程与方法”最为“隐性”，不可能细化为具体的教学目标，只能寓含在具体的教学过程中。

其二，我们不能把“课程目标”等同于“教学目标”。课程目标（主要指知识能力目标）的实现必须分小步走，细化到每一堂课教学目标的设定、达成，通过一定量的积累，才有可能达到质的突破，最终实现语文学科的课程目标。所以，我们不仅要基于课程标准进行教学，而且要根据具体的学生和具体的情况来具体制定教学目标，在教学中要将课程目标细化为教学目标，并形成与教学目标相对应的教学内容。

其三，课程目标细化为教学目标时需要考虑以下几个因素：一是课程标准，即教学目标的设定必须依据课程目标和内容，同时考虑显性和隐性层面；二是学校情况，即课程目标细化为教学目标时需兼顾“重点学校”和“非重点学校”实际情况；三是教师的情况，即课程目标细化为教学目标时必须考虑教师的知识水平和能力结构；四是学生情况，即课程目标细化为教学目标时需关注学生的“学”。

（二）设计教学目标的原则

“平民化”语文教学提倡语文教师课堂教学具体设计教学目标时，也必须依据一定的原则，这样才能避免语文教学的盲目性和无序性。设计教学目标的原则大致如下：

一是具体可见可测。教学目标的设计最为重要的原则是具体实在，应该看得见、摸得着，不能太过于空泛。如“通过对课文的学习，培养学生热爱生活、关心他人的品质”就很空泛。此外像“理清文章的行文思路”就应具体到“理清文章怎样的行文思路”，不同文章的思路不一样。如朱自清的《背影》的思路应该是“由现实到回忆再到现实”，而《荷塘月色》的行文思路却是“作者前后心情变化的思绪”，林清玄《可以预约的雪》的行文思路是“由花及人”。

二是依据“个性”设计。我们认为在设置教学目标时，必须考虑到“个性”，依据“个性化”来设计：一是不同范畴的语文教学的“个性”，如阅读教学、写作教学、口语交际教学的定位各不相同；二是不同文体的“个性”，如小说、散文、诗歌等体裁个性；三是同一文体下不同文本的“个性”，例如同是小说教学，不同小说篇目的“个性”也不同。

以不同体裁的语文文本为例，如欧·亨利的小说《最后的常春藤叶》要关注“欧·亨利式”的结尾；林清玄的散文《可以预约的雪》中由物及人展开联想、想象的手法别具一格；曹禺的戏剧《雷雨》以剧情的矛盾冲突和戏剧语言见长；文言文《阿房宫赋》因“赋”体文章的表现手法独具特色。

三是要依据学生特点。“平民化”语文教学尤为关注“学生视角”，所以教学目标的设计也必须考虑到学生的特点。教学时必须兼顾“重点”中学的“平民”学生或“非重点”学校的学生，教学目标设计时也必须向这些学生倾斜。

如面向“非重点”学校的普通学生的写作教学，就不可一味追求诗意的写作，而要实实在在教授学生在写作中“写”什么、如何“写”；实际上，教会学生清楚明白地表达自己的情感和观点即可。依据学生特点，还必须考虑到学生的人生阅历、生活感悟等符合中学生心理年龄的特点。

二、“阶段目标”应环环紧扣

“平民化”语文教学认为教学过程就如登泰山，沿途经过的主干道上的一些景点，就是一个个的教学环节。如果终级目标是在限定时间内到达山顶，那就不能留恋沿途经过的景点；当然，更不能远离主干道去参观其他的景点。[①]

（一）一堂课教学目标的达成也应层层推进

“平民化”语文教学认为一堂语文课的教学流程起点应立足于学生的基本情况，并通过课堂每一个阶段目标的达成最终实现整堂课教学目标。精心的语文课堂教学设计，其走向是精心预设，层层展开，环环紧扣，并预留了开阔的生成空间。精心的语文课堂教学流程安排也是课堂教学从起点到终点的过程，即课堂教学的连贯过程。

语文课堂的预设与生成也应步步逼近整节课的阶段目标、终极目标，因此，语文教师在教学流程的设计上绝不能模糊笼统，仅仅满足套用某种程式、模式，而要根据不同文本，精心安排。具体落实到每堂课的语文教学目标，也必须通过各个环节的环环紧扣来实现。所以，语文教学的阶段目标，小到课时目标，大到单元目标、学期目标、学段目标，一定要具体、清晰、实在，一步一个脚印，循序渐进，逐步迈向语文教学的终极目标。

（二）教学案例分析

笔者教授《项脊轩志》第二课时的内容时，在第一课时疏通文意的基础上，将教学目标设置为：

1. 学习作者选取生活琐事、平常景物并运用细节描写表达情感的手法。

2. 体会作者寄托的对故居亲人的眷恋深情。

教学目标 1 重在探讨作者是运用怎样的手法表达情感的。教学目标 2 重在体会作者寄托的眷恋深情。教学目标 1 立足于

① 高群、王家伦：《论语文课堂教学过程与目标达成——对新课改的理性反思》，《中学语文教学参考》2012 年第 10 期。

“文”的目标，即作者是如何表达情感的。目标 2 立足于“道”的目标。本节课“道”的目标达成是融于“文”的目标之中的。课堂教学基本环节如下：

第一环节，自读课文，理清思路。用数字概括课文内容：一间小屋、二(两)________、三________、四件琐事。

阶段目标：明确课文内容：一间小屋、两种情感(喜和悲)、三个女人(祖母、母亲、妻子)、四件琐事(诸父异爨，母问饥寒，祖母持笏，夫妻情深)。

第二环节，默读课文，找出体现本文感情基调的句子。

阶段目标：明确体现本文感情基调的句子是“然余居于此，多可喜，亦多可悲”。

第三环节，深入研读，咀嚼真情。文章写了哪些“喜”？作者又重点写了哪些“可悲”之事？

阶段目标：明确作者喜与悲的原因，深入理解本文。

第四环节，作者是如何表现悲和喜的？你认为文中悲与喜的关系是怎样的？

阶段目标：明确文章通过细节描写(生活琐事)、环境描写(平常景物)表现喜和悲。悲与喜的关系是：以喜铺悲、睹物思人。

【按】

环节一目的是在熟读的基础上初步感知文本内容；环节二是引导学生体会本文的感情基调，并为环节三的展开蓄势；环节三是为了深入文本，并为环节四做铺垫；环节四主要是学习本文的写作手法。四个环节环环紧扣，最终可以达成教学目标 1。本节课“道”的目标，即人文性、情感性的内容，糅合于“文”的目标之中，通过“文”的渗透实现。

三、螺旋推进，达成“终极目标”

语文教学“终极目标”的实现不是一朝一夕的事。每节课的教学目标达成了，后面还要继续巩固，每个单元、每个学期的教学目标也是如此；同理，语文教学每个学段教学也要在达成下一阶段目标时，兼顾前一阶段目标的巩固。

我们认为语文教学“终极目标”应以“学生”为根本，以“语文”为次序，以“学段”为突破，以“巩固”为手段，循序渐进，螺旋推进，最终才能登顶。

（一）以“学生”为根本，寻求“平民”教学起点

从实际出发进行语文教学活动是“平民化”语文教学的追求之一。也就是说语文教学要以“学生”为根本。所以，“平民化”语文教学应构建出“平民”学生的语文能力发展层级，寻求教学起点，根据“平民”学生语文能力现状，扎实有序推进。这就要求语文教学每节课的教学目标设置，必须站在“平民”学生的起点，不能只顾及少数“顶尖”学生。

从学校实际出发，语文教学要立足于重点中学的“平民”学生或是非重点中学的一般学生。从学生实际出发，语文教学要面向全体学生，重点关注“平民”学生，兼顾“两极”学生。从教学实际出发，语文教学要降低教学起点和难度，始终抓住语文教学的读写听说不放松，不搞繁琐复杂，力求返璞归真，重点关注绝大部分“平民”学生的课堂所得，在此基础上逐步提高，兼顾语文教学的其他功能。

（二）以“语文”为次序，重构教材逻辑知识体系

“平民化”语文教学认为语文教学主要应以“文”的顺序，而不

是“道”的顺序，合理安排教学梯度，由浅入深，整体推进，螺旋上升。

苏教版高中语文教材每个专题的设置大都以人文话题来统领，这给教者带来很大的挑战。如果教学目标定位不甚明晰，缺少内在的知识逻辑，仅仅是空泛的情感熏陶，势必给教师和学生带来困惑。

以苏教版必修五第一专题“科学之光”三个板块“探索与发现”“奇异的自然”“美丽的创造”下的几篇教读科普文章为例，教学目标定位应由浅入深，逐层递进。《〈物种起源〉绪论》比较枯燥，只要力求让学生读懂作者观点即可。《南州六月荔枝丹》与《景泰蓝的制作》教授后可进行对比阅读，体会说明文不同的语言风格。《斑纹》比较难于理解，可以调整顺序放在最后教授。

如《〈物种起源〉绪论》教学可定位在“筛选作者的主要观点，大致理解文章主要内容”；《南州六月荔枝丹》教学可定位在“围绕一定顺序、生动形象地说明事物的特征”；《景泰蓝的制作》教学可定位在“条理清晰、详略得当，运用朴实的语言说明事物的特征”；《斑纹》并不是严格意义上的说明文，教学可定位在“作者通过写哪些事物和现象表达了斑纹怎样的含义？并体会文体交叉、融合的特点”。如此由浅入深，逐步推进，学生才能较好地掌握。

（三）以“学段”为突破，实现阶段目标有效衔接

《义务教育语文课程标准（2011 年版）》中课程设计思路作如下表述：课程目标九年一贯整体设计。课程标准在“总目标”之下，按 1—2 年级、3—4 年级、5—6 年级、7—9 年级四个学段，分别提出“学段目标与内容”，体现语文课程的整体性和阶段性。各个学段相互联系，螺旋上升，最终全面达成总目标。

学段目标与内容从“识字与写字”、“阅读”、“写作”(第一学段为“写话”,第二、第三学段为“习作”)、“口语交际”四个方面提出要求。①

“平民化”语文教学力求在实践中构建出真正适合“平民”学生的“阅读”“写作”“口语交际”等学段梯度。以高中作文教学为例,就有必要形成一定的学段写作梯度,各学段之间应符合学生的年龄特点和知识结构,并做到有效衔接。

高一年级主要以记叙文教学为主,力求学生作文有话可说,重在“写得出”。

高二年级主要以议论文教学为主,力求学生敢于表达观点,重在“议得出”。

高三年级主要以综合性写作为主,进行升格写作,重在“写得好”“议得好”。

在此学段基础上,高一年级记叙文还可细分,写事可围绕“选材、立意、线索和结构、谋篇布局、剪裁”等方面展开,写人可围绕“人物的肖像描写与行为描写、语言描写、心理描写、细节描写、环境描写”等若干个点展开。高二年级议论文可围绕“概述材料,分析材料,标准议论段的写作,如何切分中心论点,议论文的结构”等逐步递进展开。由此形成点、线、面,通过螺旋上升直至写作教学终极目标的达成。

(四) 以“巩固”为手段,“螺旋”推进最终登顶

德国心理学家艾宾浩斯(H. Ebbinghaus)研究发现,遗忘在学习之后立即开始,而且遗忘的进程并不是均匀的,最初遗忘速

---

① 中华人民共和国教育部:《义务教育语文课程标准》,北京:北京师范大学出版社,2012年。

度很快，以后逐渐变得缓慢。[1] 这给语文教育工作者的启示是：语文教师必须立足于学生的实际情况，立足于教材的实际情况，立足于阶段目标的达成，在语文教学前进的过程中不断巩固已学，螺旋推进。

如教授完归有光的《项脊轩志》后，可在下一阶段的记叙文写作中，及时帮助学生回顾《项脊轩志》中“作者选取生活琐事、平常景物并运用细节描写表达情感的手法”，力求让学生在写作中迁移运用。如教授欧·亨利的小说《最后的常春藤叶》时，在分析小说欧·亨利式的结尾时，可借助《麦琪的礼物》《警察与赞美诗》再次印证这种艺术效果。

如教授苏教版《唐诗宋词选读》中的送别诗时，可帮助学生回顾所学、激活旧知，以王勃《送杜少府之任蜀川》、王维《送元二使安西》、李白《赠汪伦》、王昌龄《芙蓉楼送辛渐》等诗歌帮助学生回顾送别诗，再引入《春夜别友人》（陈子昂）和《送友人》（李白）的学习，帮助学生理解送别诗中常见的意象、手法和情感。

如在作文教学中，高二年级虽然主要以议论文教学为主，但我们也不妨在整体教学中适时穿插记叙文的写作，让学生对记叙文不疏远、不陌生，在高一记叙文写作的基础上写出更精彩的文章。

综上所述，我们认为从终极目标的角度来看，要化大为小、化整为散。即需要把终极目标分解成一个个小的阶段目标，细化到每个学段、每个学期、每个单元、每堂语文课，细化后通过有序教学的实施，最终实现登顶。

从阶段目标的角度来看，要步步为营，扎实有序。即语文教

---

① 郭念锋：《心理咨询师（基础知识）》，北京：民族出版社，2012年。

学的阶段目标，小到课时目标，大到单元目标、学期目标、学段目标，一定要具体、清晰、实在，一步一个脚印，循序渐进，逐步迈向语文教学的终极目标。而“教文”之外的“育人”任务应渗透在完成阶段目标的过程中，达到“润物细无声”的境界。

第三章　语文教学“平民化”的策略

在语文教学“平民化”理念的指导下，语文课堂应该摒弃高大上的手段与方法，走向“常态化”，提高学生的听讲与理解能力，媒体使用手段也应趋向实际简单。

第一节　语文课堂应该追求“常态化”

当前，语文阅读教学的价值取向越来越趋向“精英化”，“长安米贵，居不易”，占绝大多数的普通教师普遍感到语文课“越来越不会上”，占绝大多数的“非精英”学生越来越感到语文之玄虚。作为语文教学“平民化”的推崇者，笔者（朱）在淮安中学高一1部（5）班另辟蹊径，执教课文《江南的冬景》，大胆尝试了“常态”即“原生态”的追求。

一、目标的具体化

新课改以来，语文课堂教学的目标设置越来越繁琐复杂。言教学目标，动辄就“三维构建”；言教学目标，如不上升到文学、美学、哲学的层面势必就被视为“浅薄”；言教学目标，如不搬出课程标准中的条条框框势必就与语文课程标准背道而驰。如网络上常见的《江南的冬景》课堂教学目标的设置如下：

(1) 知识与能力目标：体会郁达夫散文的风格，理解关键词句的含义。理解情与景之间的关系；体会郁达夫语言的特点。

(2) 情感态度与价值观目标：了解文本的深刻内涵，感受作者对江南之冬的眷恋之情，培养热爱家乡的思想感情。

(3) 过程与方法目标：提高对散文的鉴赏分析能力。

课程目标，是指该课程的教学任务完成后应该达成的目标；而课堂教学目标，应该是一堂课下来就能达成的目标，如此日积月累，最终达成课程目标。试问，上述课堂教学目标，除“感受作者对江南之冬的眷恋之情”外，哪一点目标一堂课能达成？这是误将三维课程标准当成了三个课堂教学目标。“过程与方法”的课程目标，无法“细化”为课堂教学目标，其达成必须是一个漫长的“隐性”的过程，必须依靠无数堂课的积累；“情感态度与价值观”的课程目标，虽然可以适当“细化”为课堂教学目标，但也比较“隐性”，也难以在一堂课中达成；只有“知识与能力”的课程目标，可以细化为无数个课堂教学目标，在一堂课中达成，如“初步学会倒叙的手法”等。

设置目标，就是为了达成它。所以说，课堂教学目标的设置既要实，又要明；既要少，又要精，看得见，摸得着，达得到。我们认为，《江南的冬景》的教学目标(一课时)的设置就符合此要求。如下：

(1) 通过梳理关键词句和对几幅画面的分析，较为深入地掌握从不同维度表现景物的手法。

(2) 通过品读鉴赏，初步了解江南冬天的诗情画意。

提倡语文教学的“平民化”，就必须设置确实能够在课堂上达成的目标，借助“工具”渗透“人文”，在学生“眼前所得”的基础上实现其“终身所得”。

我们认为，比较理想的课堂教学目标，应该从一般的“平民”学生能够达到的维度出发，即这个“得”要从“文”“道”出发，尤其要从“文”出发。“文”，主要对应“知识与能力”，如“较为深入地掌握从不同维度表现景物的手法”，学生一堂课下来基本能够达成；“道”，主要对应“情感态度与价值观”，如“初步了解江南冬天的诗情画意”，当然，这个目标比较“隐性”；而“过程与方法”更为“隐性”，无法在一两节课中“达标”，但可以在具体的目标表述中体现，其关键是落实到教学中，如“梳理关键词句和对几幅画面的分析”以及“品读鉴赏”。

少而精，指的是一堂语文课的教学目标和教学内容要相对集中，不枝不蔓，即“一课一得”(“文”“道”各一)。本堂课的教学重点就是江南冬景的几幅画面，师生在互动中较好地掌握了这几幅画面的数种表达方式，这样的“眼前所得”对学生语文阅读和写作有较大的指引作用，而郁达夫散文中的文学观、美学观以及其他内容等，在鉴赏过程中有所渗透即可。

二、预习的当堂化

众所周知，大多数老师为追求公开课的课堂“效果”，督促学生在课前做大量的预习“功课”，如事先规定学生阅读课文几遍，或者布置好课堂某个环节中的预习题。学生事先也知道要开设公开课，课前势必充分准备，课上定会踊跃发言。更有甚者，一些展示课、观摩课，实际上就是在学生课前经过大量的准备，费尽心思，精心预设后进行，这样的课堂虽然轰轰烈烈、“精彩”纷呈，然而，这样的课现实吗？

《江南的冬景》一课的教学，虽然上课班级是教师自己所带班级，但是学生在上课铃响时还不知道学习的文本内容，仅仅是在有限的45分钟课堂中，进行学习和研讨。

【例】

铃响前屏幕显示课件一（友情提醒），提醒同学们准备好课本、课堂笔记，课堂上每个小组成员需充分交流，展示成果。

师：（微笑）同学们，知道我们今天要学习哪一篇文章吗？

生：（一脸茫然、疑惑）不知道。

师：虽然不知道这堂课学习什么，大家有没有信心把这堂课学好呢？

生：（声音较小）有。

师：老师认为，语文学习的预习在课内，大家第一时间接触到文本，并且能够对文本有自己的真知灼见，最能见语文学习的功力！那么，下面我们就进入本课的学习。请大家把书翻到……

语文教学“平民化”有一个重要的观点就是：相对较短的文本，预习完全可以放在课内当堂完成。一来，学生在教师的眼皮底下当堂预习，偷不了懒；二来，明显减轻学生课前预习负担；三来，在较短时间内，学生注意力相对集中，能积极展开思考，学习效率相对较高，符合艾宾浩斯的“记忆曲线”。

和一般公开课相比，这堂课不按目前的常规套路“出牌”，确实有点“另类”，但是符合教学实际，平时授课何尝不是如此！这就是真正意义上的“常态”课堂。

只有“常态”的语文课，才能摒除公开课“弄虚作假”的可能；只有“常态”的语文课，才能最大限度地还原学生对文本的理解程度；只有“常态”的语文课，才能充分体现教者教学过程中的“敏锐”和“机智”。

三、过程的简约化

新课改后，大批语文教学专家提出各式各样的教学理念，语文教学不断地“被”适应着各种名目繁多的模式，其程序越来越复杂。语文课在“满汉全席”的各道菜肴间疲于奔命。然而，一般的“平民”教师有烹调“满汉全席”的能力吗？一般“平民”学生的肠胃受得了吗？

我们所追求的语文课堂，不应该拘泥于所谓的固定教学模式，而应简约化，并依据教师自身的特点、“平民”学生的接受能力以及文本的独特个性，设计四五个必不可少的环节，各自达成“阶段目标”，各环节之间环环紧扣，实现预设的或生成的终极教学目标，最终让学生有“所得”。

【例】

第一环节为诗词导入。通过描写“江南春”的古典诗词引入到郁达夫笔下的江南的冬景。

（阶段目标：通过古典诗词的熏染，暗示郁达夫笔下江南的冬景充满诗情画意。）

第二环节为整体感知。在该板块下分两个层次：一是走进江南，感知作者所写的江南是哪些地区；二是走近冬景，了解作者描绘江南的冬景时，精选了哪些景致让人如临其境。

（阶段目标：整体感知作者笔下江南的冬景是一种明朗的情调；明确作者具体写了江南的植被、雨、雪，从而理清文章思路，初步达成教学目标一。）

第三环节为品读鉴赏，是课堂教学的主体环节，分为三个层次，依次是画面命名、合作交流、教师小结。在合作交流时，通过师生美读，围绕写了哪些景物、特点、手法、情感以及“我”的独特感悟来鉴赏。

（阶段目标：鉴赏理解作者运用的色彩描摹、点染引用、借助想象、意象叠加、巧借诗句、化实为虚等手法，从而感受作者的情感以及所描写景物的诗情画意，基本达成教学目标一。）

第四环节为问题探究。作者散步江南，面对充满诗情画意的江南的冬景，在文末说到“空言不如实践”，要“搁下纸笔，去湖上散散步罢!”文中多处出现“散步”一词，有何意味?

（阶段目标：感受作者对江南冬景的独特情感，初步感受作者的文学观、美学观，达成目标二。）

这四个教学环节环环相扣，阶段目标明确，逐步实现了最终课堂教学目标。第一环节印象江南的诗句导入，过渡自然，直接指向“道”的教学目标，暗示作者写作中的诗情画意。紧接着，在第二环节通过整体感知、抓住关键词句、筛选关键信息等，以梳理作者的行文思路，教学手段很常规，但也很实用，指向“文”的教学目标。接着，第三环节遵循“品读鉴赏”这一“很语文”的“过程与方法”，教者精心设计问题，适时为学生搭设“脚手架”。在拟诗情画意的标题时，告诉学生可用文中的词语，给学生“放样子”，有法可依；在美读鉴赏过程中，学生的活动指向性非常明确，并且教者能展示自己的美读和鉴赏；在小组的合作鉴赏中，教者先给学生独立思考的时间，并展开充分的合作交流，将阅读引向深入。最后一环节，教者大胆放手，给学生留下思考的空间，引发学生的“个性化”表达。

教学过程中，教者并没有顺应“时髦”，对文本内涵进行无限制的“深挖”，在文本外做大量的拓展延伸，把学生带入云里雾里。以上四个教学环节围绕本堂课的教学目标，环环紧扣，简洁明确，符合散文教学一般规律，即理其脉、品其美、悟其旨。教者抓住《江南的冬景》文本的独特个性，让学生很好地掌握了郁达夫景物描写时运用的手法，同时在“文”的品读鉴赏中，渗透作者江南冬日的诗情画意，实现了语文教学工具性和人文性的有机融合。这些，一般语文教师不难做到。

实际上，围绕自己制订的具体明确的教学目标设计四五个环节，对一般的“平民”教师而言，并不是“挟泰山以超北海”。

四、归纳的点睛化

当下语文课堂，常见的是过于强调突出学生的主体地位，而忽视了教师的主导地位。所以常会见到这样的语文课，课堂上学生轰轰烈烈的精彩展现，给人感觉学生什么都对，但最后却不了了之，学生难以“有所得”。我们认为，一堂课的归纳总结非常必要，归纳总结可从以下三个维度进行。

（一）通过最终板书归纳总结

这堂课的最终板书如下：

江南的冬景

郁达夫

午后东郊图（悠闲、迷人）——多用色彩、点染引用

微雨寒春图（美丽、高雅）——借助想象、景致点染

江南雪景图（快活、逍遥）——巧借诗句、避实就虚

└诗情画意，流连忘返┘

我们常会发现，不少教师的语文课在结束时会“唱高调”，生拉硬扯地贴上“人文”的标签，以占据语文教学的“高地”。殊不

知，一堂好的语文课学生首先要有“文”之所得，其次也不能忽视“道”之所得。而体现“得”的最佳手段，就是如今被忽视的最终板书设计。一份完好的板书设计，就是18世纪德国文艺理论家莱辛所谓的“凝固的一刹那”，听课学生可通过板书回顾教学过程；即使一个学生未曾来听课，下课铃响前的一刹那从后门走进教室，也能大致了解到教师的课堂教学目标和所教的内容。遗憾的是，这样的一般教师都能做到的“常态”活动，如今久违了，悲夫！

（二）通过课堂结语归纳总结

这堂课的课堂结语如下：

师：爱山水、爱自然几乎成了郁达夫的本性，他曾经说过“欣赏山水以及自然景物的心情，就是欣赏艺术与人生的心情”。

师：希望同学们通过这篇文章的学习，今后在描摹景物画面时，能够抓住景物的特点，运用本堂课所学到的多种不同的手法，让景物充满诗情画意。同时，也希望同学们能做到用自己的眼睛去发现自然美，欣赏自然美。

本课的结束以“文”之所得向写作拓展，以“道”之所得向艺术和人生拓展，体现了语文课“文”“道”结合的特点，起到了画龙点睛的作用。围绕课堂教学内容做一个小结，并用教学语言表达出来，一般教师也都能做到。

（三）通过作业布置归纳总结并巩固所得

这堂课的作业布置如下：

师：课后请同学们运用本节课所学到的从不同角度描写景物的写作方法，做一个小的片段练习：淮中的________（早晨、傍晚、秋天等）。

师：好，下课！同学们再见！

生：老师再见！

本节课布置的作业为“写片段作文”，实际上就是通过读写能力的转换巩固对教学目标的理解，也可以认为是“文”之所得向课外的拓展。从写作内容来看，校园里的景物特征学生也较为熟悉，由于各人观察事物的角度不同，应该有话可写，有利于课堂“所得”的课后巩固。如此围绕教学目标布置作业，应该不是难事吧！

语文教学“平民化”，提倡从当前的实际出发，从广大“平民”教师的实际出发，从广大“平民”学生的“视角”出发，从文本的“个性”出发。这堂课看似平淡，看似家常，但当前最需要的就是这种“常态”，因为其他教师也能这么做，“平民”学生也学得会。借用淮安中学语文教研组胡鹤毅老师的一句话，就是：“原生态，个性化，创新性，以其独到的‘语文之眼’让人留下太多思考和回味！”

第二节　口语交际教学的重要“手段”——解决听障

在中学一线教学实践中，教育工作者面临着不少“学困生”。在临床心理学上，“学困生”为学习困难儿童，其定义为儿童在运用和理解口语文字方面的基本心理过程表现出一种或一种以上的障碍，如听、说、读、写等方面的障碍。①

从语文教学角度出发，听、说、读、写等方面能力对于语文教学来说尤为重要，而听知能力又是语文教学各方面能力中最为基础的一部分。听知能力对说、读、写等方面的能力有很重要的作用。随着“新课标”的推行，当今的语文教学对“口语交际”教学越来越重视，但是对听知能力的训练方面，则较少涉及最为基础而且

① 童方、朱莉琪：《学习困难儿童视听知觉特征与智力结构的关系探讨》，《中国临床心理学杂志》2006 年第 6 期。

最为重要的听知“一遍准确率”的训练。所以,“平民化”语文教学认为,口语交际教学中的“平民化”,要关注最基本的问题,即解决“听障”,其主要的教学手段为训练听知“一遍准确率”和培养学生准确记笔记的习惯。

一、家长、教师的反复唠叨导致“听障”

“听”具有非常重要的作用。“人所获得的知识,其中 60%来自视觉,20%来自听觉,15%来自触觉,3%来自味觉。”①“听障”问题的产生有着较为复杂的成因。

一方面,现在的中学生大多是“00 后”,“00 后”是在媒介异常迅速发展背景下成长的一代,各种纷繁复杂的“视觉”冲击力和影响力远远大于其接受到的“听觉”信息;另一方面,在家庭教育、学校教育中,家长、教师的反复唠叨,已经让不少中学生“不想听”“听不进去”,直接影响了学习效果。

(一) 家庭教育中的听觉训练先天“营养不良”

在家庭教育中,不少中学生从小就生活在爷爷奶奶的唠叨中。一件事情长辈往往要反复“唠叨”很多遍,才能奏效,有的小孩甚至“充耳不闻”。一般的家庭也很少对孩子的听觉——“说话一遍就奏效”进行专门训练。笔者就有这样的体会:20 多个月的儿童已经基本能听懂大人的话,往往对吃饭的喊叫“充耳不闻”,而对上街或者玩耍之类等自己感兴趣的喊叫,能够“立即回应”大人。

此外,00 后出生的小孩大都也是伴随着电视机长大的一代。

---

① 阎立钦:《语文教育学引论》,北京:高等教育出版社,1996 年。

生活中我们常常会遇到这样的场景：家庭生活中，在吃饭、交流或陪着小孩玩耍、睡觉时，电视一直都开着，一边说话，一边看着电视。德国儿童心理学家皮特·温特斯坦及罗伯特·J.琼维斯，以一种显而易见又无可反驳的方式，展示了电视对儿童创造力的伤害。[①] 专家曾细数了电视的六宗罪，其中非常重要的一条就是：影响孩子的专注度。专注度不高就可能导致“没听到”或者“没听进去”，日后孩子涉及“听觉”的问题，就会产生“障碍”。

（二）学校教育中的反复唠叨导致“充耳不闻”

学生从接受教育开始，就一直被老师“唠叨着”“紧盯着”，长期也习惯了老师的唠叨，以至于老师“不唠叨”，反而就“听不进”。班主任在教育学生时，一个规定或者某项内容往往需要反反复复强调很多遍，才能奏效。一部分是因为学生自控力差，另外一部分很大程度就是早就被学生当作了“耳边风”。那么，经常有老师抱怨“讲了好多遍，学生都记不住”，也就见怪不怪了。这样使“听力”原本正常的学生也受到干扰。

除了唠叨之外，还有一个非常重要的原因：学生课堂上过分依赖视觉获取知识，“不听不记”或者“听了也没记住”的问题尤为严重。这些“听障”学生在语文课上就有这样的表现：一是“不听”，对语文不感兴趣，容易犯困睡觉；二是“不仔细听”，老师刚刚讲到的某个内容，居然说“没听到”；三是“没听明白”，就是大部分同学能够听懂的内容，自己没能听懂基本的意思。长期以来，中学生“听障”问题已经非常严重，我们必须引起足够的重视，一方面要求教育工作者减少唠叨，另外一个非常重要的方法就是要强化“听”的能力训练。

---

① 米春艳、樊华：《德国儿童心理学家研究表明：电视制造“脑残”》，《南方都市报》2012年8月29日。

（三）社会环境中的“视觉盛宴”弱化听的能力

新一代的中学生是在“视觉盛宴”下成长的一代，他们生活在手机、网络、游戏、3D电影等社会发展的浪潮中，这与60后、70后成长起来的中学生当时的社会情况截然不同。实际中，我们也常常面临这样的困境：社会环境对学生的影响很大，现实社会中太多的诱惑让不少中学生沉溺其中不能自拔。所以，学生在人际交往中，“听”和“说”的能力相对就弱化了。这些具有花哨、喧嚣、无厘头、缺少理性等诸多特点的“视觉盛宴”，对“听觉”有着严重的干扰和极大的伤害。

当各种繁多的“视觉盛宴”充斥着中学生的日常生活，想让学生做到“认真听”“静心想”也就很难了，这让本来就很难培养的“思考能力”直线下滑。再者，电影院里，3D电影要依靠戴上特殊的眼镜来看，想必这样下去，整个社会的“听力”都会下降。

二、拯救“学困生”必须从解决“听障”入手

诚然，“学困生”的形成并不是一朝一夕的事，其中成因也比较复杂，但是如果在教育教学中关注到“听障”这一问题，并着力解决这一问题，那么不少“学困生”有可能实现有效转化。

（一）加强教师的口语训练，减少唠叨

解决学困生的“听障”问题，最为重要的一条是减少唠叨，教师在教育教学过程中的语言要简明扼要，争取让学生能够“一遍听到”，这就要求教育工作者在日常的教育教学中加强必要的训练。如布置家庭作业时，可事先告知学生：我只说一遍，听不清绝不重复；课堂教学时，说过的内容可当场检测学生是否“听”得准确。如此一来，学生才能“努力去听”。

此外，教育工作者必须加强自身教学语言的锤炼，只有让学生乐意去听、爱听，才能让学生易于接受。著名特级教师于漪老师非常欣赏这样一句话：“语言不是蜜，但是可以粘住东西。”她充分利用了语言的这一功能，上出了一堂又一堂“粘”住学生，使人入迷的语文课。[①] 教师的语言只有牢牢地“吸引住”学生，学生才能“乐听”，教育教学的效果才能提高。

（二）强化听知“一遍准确率”的训练

新课程改革背景下，不少语文教育工作者已经对“口语教学”给予关注和重视。但是在实际教学中，往往因为学生、课时情况，以及学校行政领导的重视程度，“口语教学”全面实施和操作还有很大的难度，高中阶段尤为如此。其实，语文教学中为何不可引入“听力教学”呢？众所周知，“听”的能力和“说”的能力有着密切的联系。如果从最低级的“听见”的层次上多下一点功夫、多花一点时间，对听知能力训练就会有很大的帮助。

语文教师不妨主动在课堂上加强“听力”的训练，其较为“平民化”的教学手段就是训练听知“一遍准确率”。如在课堂上播放一段录音，当然只放一遍，让学生说出或写出听到的内容，然后评分，计入学习档案。[②] 也不妨像英语听力那样，在一段情景对话录音后，提出值得思考的问题，让学生回答，并和同学一起交流、探讨。类似由简单到复杂、循序渐进的训练，一定会使学生的听知“一遍准确率”有很大提高，从而带动学生“听觉”的敏感度上升，并拓展到“听得清楚”“听得明白”，更会提高学生的课堂效率。学

① 陈小英：《用语言“粘”住学生——于漪教学语言艺术初探》，《中学语文教学》1994 年第 2 期。

② 王家伦、张婷：《从解决“听力障碍”入手拯救“学困生”——关于“学困生”与“听力障碍”的调查》，《江苏教育（教育管理版）》2009 年第 5 期。

生在课堂上真能“听得进”“听得准”，又何愁教学效率不高？“学困生”如果能“听得进”“听得准”，那么，他们的学习效率也会大幅度提高。

（三）重视课堂听课笔记的准确记录

艾宾浩斯遗忘规律告诉我们，记忆力再好的人遗忘也是不可避免的。学生即便暂时“听进了”“听准了”，也会遗忘。听知“一遍准确率”对部分学生来说还是有很大困难的。所以，在语文教学中，培养学生养成准确记课堂笔记的习惯是非常重要的，这种较为“平民化”的教学手段能帮助学生克服在头脑中记忆和储存语文知识的时限性，同时也能集中学生在语文课堂上的注意力，增强听课效果。

推而广之，如果中学生在各学科的学习中都能养成及时记课堂笔记的习惯，那么，对知识的学习和记忆会有很大的帮助。也就是说“听进了”“听准了”是前提，“怎样听”是记好课堂笔记的关键。我们认为捕捉有效的课堂信息，即“听什么”应注意这样几点：一是“听”教师停顿、重复、放慢速度、音调变化的地方；二是“听”同学的精彩发言，听他们分析问题、解决问题的主要方法和思维过程；三是“听”教师的点拨之处、评价之处，以及总结性、概括性的语言。

三、《白发的期盼》案例分析

本案例是唐江澎老师①在新课程高中语文优质课评比暨课堂

① 唐江澎，中学语文特级教师，江苏省首批教授级中学高级教师。现任江苏省锡山高级中学校长，江苏省校本课程开发研究所所长。第十三届全国政协委员，第十一、十二届江苏省人大代表，无锡市惠山区政协副主席，无锡市惠山区教育局副局长。

教学观摩会上执教的一堂口语交际课。为第一课时，现摘要如下：

（一）案例①

【教学过程】

导入

平时都习惯于用眼睛去获得信息，欣赏作品，本节课换一种形式，用耳朵来获取信息，欣赏作品。

交流指导

1. 环节一：放一段录音，请同学拿笔记录，并从“人物身份”“家庭状况”“日常生活”三个方面，简要地叙述一下录音里的采访对象。

（听力指导1：指导学生说得具体、全面，做到按照要求回答问题；同时能够按照一定的层次表达。）

2. 环节二：这个记者采访这样一段录音，想告诉我们什么？请概括一下。对吴老师来说，她的生活当中，最缺少的是什么？请引述你们听到的材料来回答。

（听力指导2：指导学生听清楚老师的问题。）

（1）这个老人，她最需要的是什么？请用你听到的素材来回答。

（2）给这些老人以物质上的帮助，有一个专门的名词，叫做什么？

3. 环节三：我们再听一段很长的录音，听完以后，大家再来告诉我，这个“白发的期盼”究竟要告诉我们什么？老人他们期盼的是什么？

---

① 唐江澎：《〈白发的期盼〉教学实录》，《中学语文教学》2007年第1期。

（听力指导3：再次指导学生听清楚老师的问题，做好笔记，请同学复述，指出课堂效率低下、学习效果不佳，常常就是因为不知道老师要我们干什么。）

4. 环节四：请同学再次引用一些素材，说明“当今社会老人的精神需求不可忽视”。

（听力指导4：指导学生准确、恰当地表达，同时在听的时候要准确、全面。）

5. 环节五：听力考查，什么叫“精神赡养”？

（听力指导5：如果听到的内容比较多、比较快，可以用记录关键词的方法。）

6. 环节六：在接收信息的感受上，听录音与读文字有什么不同？

（听力指导6：听的时候要注意听说话人的语气、氛围、感情。）

课堂总结

如何学会倾听的建议：一是及时记录；二是多听广播作品。

布置作业

课后网上搜索广播《永不消逝的歌声——纪念王洛宾》和《来自长江源的家书》，在欣赏过程中，进一步提高倾听能力。

（二）分析

唐江澎老师这堂生动活泼的口语交际课，注重对学生“倾听能力”的培养，通过广播录音引导，让学生真正走进了语言现场。

第一，就“倾听能力”的培养而言，整堂课唐老师采用听广播录音的方式，由一段录音到很长的录音，循序渐进，力求让绝大多数学生“听得准确”“听得明白”。如大部分学生注重培养“听”得具体、全面的能力，部分学生注重培养按照一定层次表达所“听”内容的能力，针对部分学生注意力不集中的现象，提出记课堂笔记的方法来解决听课中效率低下的问题。

第二，就其教学追求而言，唐老师也比较“平民化”“务实化”，没有过多地进行“人文化”“情感化”的处理，却能不露痕迹地对学生进行情感熏陶，从而达到润物无声的效果。其课堂目标并不十分“高大上”，唐老师精心设计的问题引导，通过提问、复述等方式让学生明白要“仔细听”，其教学目标定位比较实在，就是争取让学生“听得准确”“听得明白”，力求做到“一遍听明白”。

第三，就口语交际课堂的操作而言，唐老师在课堂上在“听”的基础上，让学生“说”，充分展开交流、探讨，并辅助“记录”的方式，让学生的思维规范化、条理化、专一化。通过“听”与“说”的强化训练，帮助学生养成良好的语文学习习惯，以此来解决课堂效率低下、学习效果不佳的问题。

第四，就整节课的教学手段而言，唐老师摒弃各种花哨的形式，避免语文课堂的“情感化”泛滥。教学手段相对“平民”“实用”，需要让学生“听”时，选取媒体教学，放手让学生听录音，需要记录的时候，及时指导学生记录课堂笔记，听、说、思考、记录等训练丝毫不放松，在高效务实中追求语文教学至高境界。

第五，唐老师的这堂课，提供了“如何解决听障问题”很好的范例。但在高中语文教学中，真正像唐老师这样指导学生“认真听”“仔细听”的实在太少。究其客观原因：一是可提供操作的教材毕竟太少；二是学校层面的重视程度不够；三是针对诸如《白发的期盼》之类的文本操作容易泛情感化。唐老师如果能在听录音之前告知学生“争取一遍听准确”，或许可以减少学生的判断失误。

此外，一堂课的教学毕竟无法解决“听障”这一问题，而日常教学中如何形成行之有效的“听知”训练尤其值得我们关注。

第三节 语文教学:请从“本位”出发选择媒体

“平民化”语文教学追求简约有序,其教学手段要倾向“平民化”,不应繁琐、复杂,而应低投入、高效益,便于一线教师操作。“平民化”语文教学认为要理性对待语文教学的传统媒体与现代化媒体,教学中应根据语文学习需要选择恰当的教学手段。“平民化”语文教学认为千万不能忽视黑板与板书的作用,要站在语文本位来选择教学媒体。

一、传统媒体与现代化媒体之辨

由于现代化媒体盛行,语文课堂也越来越追求声、色、光、影,以黑板、粉笔为主的传统媒体也似乎离语文越来越远。当下不少语文课堂已经被现代化媒体所主宰,出现时髦化、繁琐化、低幼化、垄断化的倾向。这就引发了我们对传统媒体与现代化媒体的理性思辨。

传统媒体,主要指以黑板为主的教学媒体。现代化媒体,主要指投影展台、flash、PPT 课件、影视播放等教学媒体。

传统媒体与现代化媒体有各自的优势,也有各自的弊端,所谓“尺有所短,寸有所长”。如语文教学中一味否定传统媒体,在现代化媒体使用上盲目炫技,或在教学实践中轻视传统媒体,过分依赖现代化媒体,语文教学都将走入误区。

传统媒体有如下优势:传统媒体教学可以及时展开,便于语文课堂的灵动生成;板书设计充分显示出教者的教学艺术,便于学生直观记忆、记录,也便于学生学习教师的逻辑思维能力与书法技能;最终板书是课堂教学“凝固的一刹那”,对教学流程可以起到展示、总结的作用。当然,传统媒体亦有如下弊端:黑板在教学空间上受到一定程度的限制,信息容量有限等。

现代化媒体有如下优势:高端技术一定程度上满足了学生视听等感官需要,能激发学生的学习兴趣;在语文教学的审美教学、情感教育上有一定优势。当然,现代化媒体亦有如下弊端:PPT课件主要依靠课前预设,不利于语文教学的生成与充分展开;现代化媒体声、色、光、影等手段的运用,限制了学生思考力、创造力、想象力的发展;现代化媒体转瞬即逝的特点,不利于学生及时记录;现代化媒体的过度使用,阻碍了师生间的情感交流。

二、黑板与板书的作用不可忽视

“平民化”语文教学认为每一种教学媒体都有其优劣,但是作为语文教学传统媒体的黑板和板书的作用绝对不容忽视,在教学实践中必须引起足够重视。

(一)用好传统的“自留地”

有人把黑板比作课件之外的“自留地”。“自留地”里可以种些瓜果时令蔬菜等,不仅绿色新鲜,而且随时可取。言下之意,就是作为传统媒体的黑板在教学中的作用是不可忽视的。

第一,教者充分利用这块“自留地”,既可精心预设,亦可精彩生成。新课改后,由于过分依赖现代化媒体教学,不少语文课堂出现了“零板书”现象,或者语文教师的板书呈现“信手涂鸦”的状态。殊不知语文教师在黑板上精心设计的板书,能对语文教学起到提纲挈领的作用。课堂上师生间迸发出的思维火花、警言妙语都可及时在黑板上留下精彩的印迹，有效地弥补了语文现代化媒体的不足。

第二，黑板这块“自留地”还是师生展示交流的平台。一线教学在实践中发现，善于思考的语文教师课前喜欢利用黑板做积累、展示，如名言警句、唐诗宋词的摘抄等；课堂上也可以充分运用黑板检测学生成果、指导学生学习。笔者所在学校的一位语文教师多年来一直坚持黑板作文教学的实验工作，课前让学生将自己的作文抄写到黑板上，课上师生一起交流、修改，在作文教学方面起到了很好的成效。

（二）板书必须紧扣教学目标

“平民化”语文教学尤其重视语文教学的板书，板书必须紧扣教学目标，并且贯穿在整个教学过程中；还要注意概括性、条理性、启发性、生动性等。

板书（这里指下课前一刹那最终达成的板书）必须是整堂课的总结归纳，必须是教学目标的视觉显示。也就是说，听过课的学生课后能围绕板书回顾课堂教学情景；即使有学生未曾听课，看了板书，也能知道这堂课的大致情况。具体的课堂教学过程，应该是板书逐步达成呈现教学目标的过程。① “平民化”语文教学提倡“一课一得”“文道各一”，所以板书在呈现上也应体现本节课“文”和“道”的教学目标的达成。板书也只有紧扣住教学目标，才能提纲挈领地呈现学生“所得”。如某教师教授苏教版高中语文（必修一）刘亮程的《今生今世的证据》时，将教学目标定为“通过反复朗读，深入理解文中的多重排比；通过反复朗读，深刻理解对时间的感悟，对故乡的依恋之情”。板书设计如下，就能体现这组目标。

---

① 王家伦：《论语文教学的起承转合》，人大复印资料《中学语文教与学（高中读本）》2009年第7期。

今生今世的证据

刘亮程

多重排比
- 段落排比
  - ①我走的时候……
  - ②我走的时候……
  - ③我走的时候……
- 句间排比
  - 没有……没有……没有……
  - 我真的……我真的……我真的……
  - 草……土墙……房子……
- 词语排比：度过童年、少年、青春时光……

琅琅上口
加强语气
对时间的感悟
对故乡的依恋

板书宜反映教学流程。最终板书应是呈现出教学过程的“凝固的一刹那”。因为板书的最终形成也是在教学过程中逐步呈现出来的，所以优秀语文教师的板书都经过精心设计，围绕教学目标，环环相扣，层层推进，能够反映出该堂课清晰的教学思路和教学流程，最终比较完整地呈现这堂课的教学目标。

三、从实际出发，决定媒体选择

“平民化”语文教学提倡教学手段的“平民化”，选择何种媒体来进行语文教学不应由媒体是否先进而决定，应由“实际”来决定，也就是说必须根据实际决定媒体的选择。

（一）从“语文”的角度选择媒体

王尚文先生曾说，语文教学必须走在“语文”的路上，才能达到自己的目的，否则就会走向自我消亡的悬崖。[①] 语文课不是

---

① 王尚文：《语文教学要走在“语文”的路上》，《中学语文教学参考》2004 年第 10 期。

思想政治课，也不是美术课，更不是音乐欣赏课。语文课就是语文课，不应通过现代化媒体技术将其复杂化、繁琐化、怪异化，而应通过现代化媒体，更加灵活、高效、便捷地达到语文教育本身的目的。所以，教学时必须考虑到运用传统媒体或现代化媒体所要达到的语文教学的目的，任何手段都是为了语文教学目的服务的。

语文教学要提高学生的语文素养，必须在读写听说活动中紧扣语文的本体。[①] 可以说，读写听说能力的培养应贯穿语文教学的始终。选择何种媒体教学也应紧紧扣住语文读写听说能力的提高。如学生需要读课文时，一定得放手让学生充分阅读，不能仅依靠播放名家朗诵替代；需要学生动手书写时，应让学生及时板演或练笔，切不可通过现代化媒体的展示来代替。语文教学手段的选择必须考虑到学生读写听说能力的培养，应从学生读写听说能力培养的角度选择教学媒体。

（二）从文本的角度选择媒体

从文本的角度选择媒体，就是教者要根据文本题材内容的实际情况来选择媒体。诗歌教学可以选择现代化媒体朗诵或辅以充满诗情画意的画面激发学生的学习兴趣；散文教学也可借助现代化媒体，丰富学生的想象能力，拓展学生思维，教出散文独特的韵味；小说教学如《林黛玉进贾府》可通过老版电视剧《红楼梦》中的部分人物影视片段来拉近学生与文本之间的距离；剧本教学如《雷雨》，可以借助电影《雷雨》中的影视片段让学生感受戏剧的独有魅力。其实，何种文本选择怎样的媒体，没有严格的依据，一切围绕“语文”学习的实际情况运用即可。

---

① 王尚文：《语文教学要走在“语文”的路上》，《中学语文教学参考》2004 年第 10 期。

从文本的角度选择媒体，还需考虑到文本的深浅、难易等情况。一般说来，深文、难文不必搞得太过于声、色、光、影，应留给学生充分沉浸在文本中的时间，让学生真正品味文本、涵泳文本。这类文本需要教者深文浅教，通过问题的精心设计和引导，让学生读懂文本，理解作者的写作意图，不必太多依靠现代化媒体。对于比较浅显的文本，教者不妨充分对文本进行深挖掘，或借助媒体教学进行相应的拓展延伸。

只有充分考虑各种文本的实际情况，合理适度选择，现代媒体和传统媒体相互配合，语文教学才能更加高效。

（三）从教师的角度选择媒体

从教师的角度选择媒体，也就是说媒体的选择需要兼顾教师教学的实际情况，要从教师“教”的实际来选择媒体，让媒体更加高效便捷地服务于教师的“教”。我们认为选择媒体时需要考虑如下一些因素：

一是教师运用媒体的能力。从教学实际来看，每位教师实际运用媒体的能力有高低之分，教师必须从驾驭媒体的能力角度考虑选择何种媒体，选择最适合自己的媒体进行教学。如有教师板书字迹不甚理想，操作中可部分通过现代化媒体避其短处；有教师朗读不是很好，可以通过播放名家诵读代替；少部分教师现代化媒体制作水平不甚理想，则大可不必绞尽脑汁、费时费力制作课件。

二是教师教学的实施情况。这里尤其要说明的是，一般的公开课，教师课前准备时间较充裕，往往花费大量的时间和精力考虑现代化媒体的制作。而“常态课”下的语文教学，以笔者所在学校来看，一般语文老师都带两个班级的语文课，每天都要应对繁重的教学任务。如果每天在现代化媒体课件的制作上疲于奔命，必定会牵扯大量的精力。我们认为语文“常态课”大可简化现代化媒体课件的制作。此外,备课组的一体化课件共享往往也会泯灭语文教师的教学“个性”,千人一面的复制让语文课更加同质化。

(四)取长补短,配合使用

我们要充分考虑到各种媒体的利弊,做到取长补短,配合使用,真正发挥其优势,切实提高语文学习效率。如果黑板、粉笔等传统媒体能起到很好的教学效果,就应“轻车简从”,一切从“简”,不必复杂化。当学生缺乏一定生活经验或体验时,就可以充分运用现代化媒体来展示。一位教师在教授王英琦《看社戏》一文时,因为学生对豫剧不太了解,教者课前三分钟播放了小香玉经典豫剧《谁说女子不如男》,激发了学生的学习兴趣。此外,任何媒体的选择,只有适“度”,才有可能收到预期的效果;过“度”则会“画虎不成反类犬”,事与愿违,适得其反。

笔者在实践中发现,在语文复习课教学中,充分运用现代化媒体可以增加知识容量,提高教学效率。学生课堂检测、练笔等有时可以通过现代媒体展台展示,有时也可以通过学生上黑板板演的方式,当场发现并解决问题。

此外,媒体的选择还要根据学生的实际情况,选择最合适的电教媒体,并不是使用的媒体越多越好,也不是使用的媒体档次越高越好。①

综上所述,语文教学不能追求表面热闹,而应坚持效率原则规范教学。关键是不能让语文教学显得庞杂无序、过分繁琐,让

---

① 葛国建:《小学语文多媒体辅助教学存在的问题与对策》,人大复印资料《小学各科教与学》2003年第9期。

声、色、光、影充斥语文课堂。媒体只能是手段,手段永远是为目的服务的,衡量媒体使用的优劣不是看媒体是否高档,而是看媒体是否能使教学更生动、方便、高效。[1]

① 张先平、杜雄丽:《冰点思考多媒体语文教学热》,《语文建设》2004年第9期。

第四章　“平民化”理论视野下阅读与写作策略探讨

阅读与写作是语文教学的重要内容，也是培养学生读写能力的重要途径，如何利用语文教学中的文本评点？如何打破阅读碎片化？如何培养学生整本书的阅读能力？作文教学中的“写什么”与“怎么写”如何获得对立统一？这些都是值得我们思考的问题。

第一节　语文教学中文本评点的特性及其方式

《普通高中语文课程标准(实验)》指出：“阅读教学是学生、教师、文本之间的对话过程。”语文阅读教学中，学生的第一要务便是与文本对话。“与文本对话”，最常见的方法之一便是文本评点。

一、何为文本评点？

评点是读书时常用的方法。清代教育家唐彪在《读书作文谱》中说：“读文而无评注，即偶能窥其微妙，日后终至茫然，故评注不可已也。”文本评点就是让学生接触文本、体验文本，用自己的生活和经验与文本相互作用，共同建构起文本的意义，并获得精神的提升。

语文教学应为学生创设良好的文本阅读情境，帮助学生树立主体意识，根据各自的特点和需要，自觉调整阅读心态和策略，探寻适合自己的文本评点的方法和途径。

文本评点简言之是学生用来记录自己在阅读文本过程中对作品的感受、理解、评价和质疑的过程，文本评点讲究的是过程体验、对话交流。文本评点大致有以下五个角度：理解关键语句、分层概括内容、理清写作思路、归纳文章主旨、分析写作手法。

二、文本评点的特性

文本评点和其他一般文本解读的方法不同，有其独到的特性，因而在语文教学实践中必须兼顾其特点，便于最有效地解读文本。其特性概括起来有以下四点：

一是独特性。文本评点，旨在引导学生用发散思维的眼光，主动、多方位地、个性化地审视品评文本的立意、选材、结构、辞章。个性化的评点、自由的表达有利于培养学生的主体精神，所谓“一千个读者就有一千个哈姆雷特”“仁者见仁，智者见智”。在此过程中，学生的思想是积极主动的，学生的情感是个性鲜活的，学生的获得是深刻优质的。

二是体验性。文本是作者生活经历和生命活动的结晶，阅读文本时，读者自己学过的各种知识和人生体验也都要向读物的聚光点奔涌，与文本意义发生碰撞。学生不是为了被动地接受文本的内容信息，而是要以自身的生活经历走向作者的生活经历，即要积极调动自己的已有经验，对文本有主见地加以评点，以便与作者进行精神沟通。

三是对话性。文本评点就是在阅读鉴赏文学作品时，与文本、与作者对话，把自己对文本言语形式之美的品评、揣摩之所得用简明扼要的语句记录下来，这不仅有利于加深对文本的理解，而且能发展学生独立阅读的能力，提高学生的语文素养，使他们养成独立思考、主动探究的习惯。教师要自动走下权威的宝座，虚心听取学生的意见，从学生的自我表现和讨论交流中捕捉智慧的火花，开发动态的学习资源，实现平等对话。

四是创造性。语文教学中，学生评论圈点时，心灵凸显，情感洋溢，思维腾挪，赏析语词，玩味意境，透视内蕴，感念人格……教师之所点，学生之所得，既在鉴赏文本创造之审美，也在人格精神之滋养。师生在文本评点中，可以共同领略到创造带来的阅读之乐。对文本的解读是多元的，没有标准答案，没有“陷阱”之忧，只要“意随文生”，只要独特的感受和体验，没有错对的评判，只有合乎情理的要求。

三、文本评点的几种有效方式

（一）言语式评点，在涵泳品味中复活文本

文本评点的一种方式主要是针对文本语言的言语式评点。成功的言语作品，其独特之处往往体现在语言表达的各个方面。文本评点所要关注的是，作者是如何选用恰当的语言形式来准确地表情达意的。因此，语言运用的各个方面都可以成为文本评点的对象，如词语的选择、句式的调配、辞格的运用等等。文本点评的过程，也就是使文字符号言语化、信息化的加工过程。只有将单个排列、静止地躺在纸上的文字符号复活，通过字词句文的涵泳品味，使文字符号变成有声有色的话语，文本评点才具有意义。

（二）体悟式评点，在生命体验中激活文本

体悟式评点就是学生通过文本评点，以自己的生活经历走向

作者的生活经历,与文本对话,与作者进行精神的碰撞与沟通。体悟式评点是学生与文本之间进行交流,呈现双向互动的过程。每一个鲜活的文本都是作者生活经历和生命活动的结晶,涌动着强烈的生命意识。此外,作品的表达方式、布局谋篇、过渡照应的技巧、命题立意、聚材取事的匠意等都需要学生进行独特的思维体悟。学生在解读时,只有运用自己学过的知识,调动个体独特的生命体验,对作品进行感受、理解、评价和质疑,才能与文本意义发生碰撞,在思维的交汇、生命的体验中重新激活文本,达到与文本进行精神交流的状态。

(三)合作式评点,在对话交流中探究文本

合作式评点是语文阅读教学时师生经常采用的方式之一。合作式评点的一般步骤是:学生研习、自由评点、教师个别指导;学生与学生合作、交换阅读评点;推荐、展示学生评点,师生共同讨论;评出最佳评点,激励学生。文本评点过程,离不开师生的合作,此时文本评点有着特殊的含义。学生的“点评”和教师的“点评”都需要建立在充分研习文本的基础上。教师需要尊重和鼓励学生独到的见解,在对话交流中针对学生理解的不足之处,给予及时、准确、精当、巧妙、带有启发性的点拨引导,在文本探究中让合作评点产生最大效益。

新课标倡导“自主、合作、探究”的学习方式,学生是文本阅读的主体,教师不能越俎代庖。语文阅读教学中,文本评点体现了以学生为主体、以文本为依据、以发展学生个性为目的的阅读方法。

文本评点能够表现学生阅读的情感轨迹,反映学生独立的思考成果。只有充分利用文本评点的特性和方式,帮助学生真正读懂文本、读透文本,实现精神的吸收,才能丰富文本的内涵,实现读者与文本的真正对话。

第二节　整本书阅读:在“可为”处发力
——从一堂《小王子》整本书的阅读指导课谈起

整本书阅读对语文学习甚为重要。早在20世纪40年代,叶圣陶老先生就在《论中学国文课程的改订》一文中指出:“现在国文教材似乎该用整本的书,而不该用单篇短章,……退一步说,也该把整本的书作主体,把单篇短章作辅佐。”[①]然而,在一线语文教学中,关于整本书的阅读指导课实践案例甚少。法国作家圣埃克苏佩里写的《小王子》是20世纪流传最广的童话,被誉为阅读率仅次于《圣经》的最佳书籍,故以《小王子》为例,谈谈整本书阅读指导课的“可为”之处。

一、点燃“兴趣”火花,鼓励“个性”解读

整本书的阅读在阅读基础、阅读内容、阅读时间、阅读方式、阅读感受、阅读评价等多个方面,都是很个性化的。[②] 一般来说,整本书的阅读指导课不易操作,也不可能面面俱到,执教者必须“艺高胆大”,有“所为”而有所“不为”。所以,教者可针对整本书的某一章节、人物形象、故事情节、典型环境或者主题主旨等方面进行专题式的研讨。教学目标可以是微观的,也可以是宏观的;可以学生确定目标,也可以教师确定目标。[③] 但是毋庸置疑,教者

① 叶圣陶:《叶圣陶集》第十一卷,南京:江苏教育出版社,2004年。

② 郑桂华:《整本书阅读:应为和可为》,《语文学习》2016年第7期。

③ 程翔:《从“整本书阅读”的学科定位谈起》,《中学语文教学》2017年第1期。

应始终在整本书的阅读指导课上，激发学生阅读的兴趣，大胆鼓励学生进行一定程度上的“个性化”解读。下面是课堂的几个主要教学环节。

环节一：初读，与名著相识——理清《小王子》整本书的故事脉络。

环节二：品读，与名著相会——聚焦《小王子》整本书中令自己印象深刻的细节。

你阅读《小王子》整本书时，最感动的是故事中的哪个细节或精彩语段，请运用点评法写下自己的感悟，并与同学交流。

（感动的细节、深情的朗读、精彩的点评、小组成员分享、班级汇报展示）

环节三：精读，与名著相知——细读《小王子》整本书中“小王子与狐狸”相遇一章。

环节四：深读，与名著相守——尝试以《小王子》整本书阅读，积累写作话题，尝试进行写作拓展。

该堂课上，教者主要设计了四个环节，始终激发学生兴趣，关注学生个性，进行有效指导。环节一，旨在关注绝大部分学生的整本书阅读情况；环节二，通过学生课前对整本书的阅读评点，关注学生“个性化”阅读，教者在课堂上运用投影展示学生评点情况，学生交流展示评点情况，教者适时进行点拨、指导；环节三，旨在精读一个章节，在“个性化”理解基础上深化对《小王子》一书主旨的理解；环节四，关注学生“个性化”积累与写作。

二、纵览“整本”纲领，督查“课外”阅读

整本书的阅读，在空间和时间上常常受到限制，一线教师常

采用“放羊式”的方式，虽提倡学生加强课外阅读，但是在阅读指导上却做得甚少，甚至不了了之。整本书的阅读和某一文本的阅读不同，毕竟课堂上没有足够的时间进行整本书的阅读。所以，整本书的阅读主要的时间应该在课外，但是教师的课堂指导也必不可少。我们认为，教师在课堂上的指导首先体现在督查学生课外的阅读，以了解学生课后的阅读情况上。教者有必要对整本书的内容概括地进行相关问题的设计。下面是课堂第一环节的详细过程。

师：首先让我们回顾一下小王子奇妙的生命之旅，故事的主要情节是由“我”和小王子的相遇开始的，那么“我”的身份是什么呢？

生：（齐答）飞行员。

师：对，“我”因为一次意外的事故被迫降落在？（疑问）

生：（齐答）撒哈拉沙漠。

师：那么，小王子住在什么地方呢？他每天做些什么呢？

生：（齐说）B-612 小行星上。

生 1：他每天的工作就是清理三座火山，其中两座是死火山，一座是活火山。（同学们议论纷纷，有不同意见）哦，两座是活火山，一座是死火山。每天早晨还要将所在星球上的猴面包树的幼苗给除去。

师：小王子在他的星球上结识的一个重要对象是一朵玫瑰花（学生说对）。小王子精心地呵护她，但是这朵玫瑰花怎么样？

生 2：傲娇（学生偷笑）。

师：有点傲慢。

生 3：她不懂得小王子对她的爱情，所以最终小王子做出了离她而去的决定。

师：那么接下来小王子就游历了六大星球，依次见到了哪些人呢？

生:(七嘴八舌,相互回答或者补充)崇尚权力的国王,爱慕虚荣的人,视酒如命的酒鬼,一个滑稽的商人,循规蹈矩的点灯人,闭门造车的地理学家。

师:那么最终小王子来到了?

生:(齐说)地球。

师:依次见到了谁呢?

生 4:一条蛇,一只狐狸。

师:看书不是很仔细,遗漏了一些,哪位同学来补充?

生 5:(补充回答)一个有着三枚花瓣的花朵,一个玫瑰盛开的花园,然后见到了狐狸,还有一位扳道工,一位贩卖能够止渴的精制药丸的商人。

师:那么,《小王子》整本书究竟讲述了怎样的故事呢?

生:(回顾投影上的故事梗概)

《小王子》这本书阅读起来并不是很难,但教者推荐给学生之前,班级大部分学生都没有读过,对故事的基本情节一无所知。虽然教者在一个星期前就要求学生进行课外阅读,但是课堂上的检查督促在整本书阅读的指导中的作用不可忽视。所以,课堂上设置此环节意在了解学生读没读,读得怎么样,避免了课外阅读流于形式。此外,通过师生互动、生本互动、生生互动等对整本书的故事梗概有一个大致的理解,是深入研读整本书的一个前提。

三、聚焦“篇章”精读,深化“整本”阅读

整本书的阅读指导课不可能做到面面俱到,因为整本书的阅读,涉及的面比较广,但是这并不意味着教师的指导就可以忽视。我们提倡这样的做法,课堂上可以选取某一个篇章或者某一个点

进行精读或者深读，选取的这个篇章或者这个点，往往在整本书中有着举足轻重的作用，常会以“点”带“面”，“牵一发而动全身”。教师如若在课堂上对学生的阅读加以指导，也会起到“四两拨千斤”的效果。下面是第三环节的详细过程。

师：一本好书更需要我们精读其中的章节，精读《小王子》，也是与《小王子》相知的过程。请同学们自由阅读第21章，概括这一章的大概内容。

生：（自由速读）

师：狐狸所说的“驯化”是什么意思？

生1：是指建立联系。

师：找得很准确，驯化容易吗？它需要什么？

生2：驯化不容易，需要耐心和责任，要永远为你驯化的东西负责。

生3：狐狸告诉小王子最好在相同的时间来，所以驯化要有一定的规律性。

师：小王子再次看到那些玫瑰时，他心里又是怎样想的呢？

生4：小王子认为这些玫瑰根本不像他自己的玫瑰，它们全部加起来都不如他自己的玫瑰重要。

师：请大家一起来齐读小王子与那些玫瑰对话的语段。

生：（齐读）“你们很美丽，但也很空虚……”

师：从小王子与狐狸的交往中，同学们懂得了怎样的哲理？

生5：要用心灵去感受世间万物，因为“看东西只有用心才能看清楚，重要的东西用眼睛是看不见的”。

生6：要想获得友情，就必须经过“驯化”，创造关系，同时要树立责任感，要对身边的一切负责。

生7：狐狸让小王子明白自己的玫瑰是独一无二的，因为他为他的玫瑰付出过。

生 8:人类社会只注重商品交易,没有真正的朋友和友谊。

师:同学们有没有思考过作品中狐狸到底象征着什么呢?

生 9:我认为狐狸是智慧的化身。

生 10:狐狸还象征着纯洁和友情。

师:(表示赞同)让我们一起了解一下作品中狐狸、小王子、玫瑰、蛇的形象。(投影展示)

师:请大家一起了解《小王子》一书的主旨。(齐读投影)

【按】在这堂阅读指导课上,教者精选了“小王子与狐狸”交往的这一章节进行深读。因为这一章节在全书中有着重要的作用,精选这一章进行深读甚有必要。因为狐狸让小王子懂得了很多道理,这些哲理是《小王子》一书的精髓和魅力之所在,也对全书主旨的理解有帮助。教者首先通过挖掘“驯化”一词的内涵,引导学生理解如何“驯化”。再次从小王子理解“驯化”后态度变化入手,理解小王子与狐狸交往中的哲理。最终引导上升到对作品象征意义和主旨的探讨。在整本书的阅读指导中,不能只停留在作品浅层次的理解上,而有必要深入到作品的内部,进行一些适合学情的探讨,以加深对作品的理解。通过课上教师的指导,学生可以站得更高、看得更远。

四、积累“话题”素材,进行“写作”拓展

就整本书的阅读而言,阅读的实际效果往往难于检测,有时也就会流于形式。一线教师往往提倡学生进行课外阅读,也会推荐一些书目给学生。但如何指导学生进行读,读后怎么运用,不少教师常常会不了了之。教师在使用整本书时应该基于作品特

征和学生需求，着重挖掘其发展核心素养的教学价值。[①] 笔者认为，“读”的目的就是要有“所用”，整本书的阅读更是如此。行之有效的方法之一就是进行读写转换，引导学生将“所读”有效地转化为“所用”。如果学生真正将“所读”内化为语言积累和写作素材，又何愁学生写不出好的作文呢？下面是第四环节的教学过程。

师：我们每一个人心中都住着一个小王子，有人从这本书中读到了“童真”，有人读到了“忧伤”，有人读到了“智慧”，你从《小王子》中读出了什么关键词？为什么？（班级小组讨论，组内交流）

生 1：我读出了纯真，小王子一切都是纯真烂漫的，有着一颗童心。

生 2：我读出了宽容，书中有一句话是这样说的，“小孩应该尽量对大人宽容”，因为小孩子看到的才是这个世界上最本真的东西，大人的眼中往往看不到这个世界的本质。

生 3：我读出了责任，那朵玫瑰花是小王子星球上唯一的一朵玫瑰花，小王子一直照料着她。小王子在一路的旅行中始终牵挂着他那座星球上的玫瑰花，最终还是回到了自己的星球，真是一个很有责任心的小王子。

生 4：我读到了内在，人的内在的灵魂。小王子在蛇的帮助下，最后通过死亡的方式离开了地球，留下了一个躯壳，但小王子身上精神和灵魂的东西是不朽的。

生 5：我读到了坚守，最后小王子为了照顾自己那朵玫瑰花，毅然决然地让蛇咬了自己。

生 6：我读出了爱，小王子对玫瑰花的爱。小王子与狐狸以及

---

① 徐鹏：《整本书阅读：内涵、价值与挑战》，《中学语文教学》2017 年第 1 期。

飞行员之间都存在着爱，纯洁感人。

……

师：同学们读出的或许还有很多的话题，请大家从这些话题中，精选一个关键词，运用《小王子》阅读素材进行写作拓展，形式不限，100字左右。（可以是一则书评、一段感悟、几行短诗……）

（片段写作交流、展示）

【按】《小王子》整本书的阅读可以给人带来很多启示，课前教者已布置学生尝试写了关于阅读《小王子》的读后感。设计此教学环节，旨在通过《小王子》的阅读，帮助学生积累一批写作的话题，并作为有效素材积累，直接指向学生今后的“写作”。整本书阅读进行读写转换，可以激发学生的思维，内化为学生的阅读和写作的经验。所以，教者有必要在阅读指导课上搭建形式多样的“写作”拓展，引导学生将“所读”运用到“所写”中。

整本书的阅读在学生课外阅读中的作用不可忽视，那么教者也有必要在课堂上对学生的阅读进行相应的指导，不至于让课外阅读流于形式，不了了之。整本书的阅读是有“可为”的，语文教师只有在教学实践中有所作为，并对学生进行积极的引导，学生语文素养的提高才能真正落地生根。

附：《小王子》整本书的课外阅读指导课教学设计

【课前激趣】

请以四大名著书名入题，补充下面的诗句。

入三国，识智勇英雄，一时多少豪杰；奔水浒，结金兰弟兄，一愿生死相许；

登红楼，叹儿女情长，一尊还酹江月；随西游，看天地神魔，一心只向西天。

一、导入

有这样一副对联:阅文章知书达理,读名著博古通今。名著既可以滋养我们的生命,也可以启迪我们的人生。

有这样一本书,人们说它是20世纪流传最广的童话,它已经被译成了四十多种文字,被拍成电影,录成唱片,至今全球发行量已达五亿册,被誉为阅读率仅次于《圣经》的最佳书籍,它就是——法国作家圣埃克苏佩里写的《小王子》。

请同学们【读投影】作家作品介绍。这节课,就让我们一起走进这部经典作品,领略《小王子》带给我们的智慧人生!

二、学习目标

1. 理清整本书的故事脉络,品读作品中的精彩细节。

2. 精读重要章节,探究深刻意蕴,并尝试写作拓展。

三、初读:与名著相识

初读《小王子》,也是与《小王子》的一场相识,首先让我们简单回顾一下小王子那梦幻般奇妙的生命之旅!

(一) 理清故事脉络

1. 简单回顾小王子的游历过程

(1) 在B-612小行星上:那是怎样的星球?小王子每天都做些什么?

故事的主人公是生活在B-612号小行星上的一位孤独、忧郁的小王子,他爱自己星球上那朵楚楚动人的玫瑰,给她浇水、松土,精心地呵护着她。可这朵带刺的玫瑰喜欢要些小手段,不太谦虚,有些爱慕虚荣,这使小王子做出了舍她而去的决定。他出发了,分别来到了六个星球。

(2) 游历六个大人星球:六个星球中,都有哪些人,谈谈你对他们的看法。

崇尚权力的国王——爱慕虚荣的人——视酒如命的酒鬼——唯利是图的商人——循规蹈矩的点灯人——闭门造车的地理学家

(3) 小王子来到的第七个行星就是地球了。小王子在地球上会遇到什么?

一条蛇、一个有着三枚花瓣的花朵、一个玫瑰盛开的花园、一只狐狸、一位扳道工、一位贩卖能够止渴的精制药丸的商人。

2. 故事梗概

一位来自遥远星球的小王子,因为与一朵玫瑰花闹别扭,开始了一场星际旅行。他走访了不同的星球,遇见了许多奇奇怪怪的人和事,这让他深感不解。最后,他来到地球,在撒哈拉沙漠遇到了因飞机故障而迫降的飞行员。通过短暂的相处他们成了好朋友。其间,旅行的见闻,与飞行员的交流,以及对狐狸的驯养,使小王子对世界、对生活、对爱与责任有了新的认识。同时,也让葆有童心的飞行员对生命进行了深刻的思考。最终,小王子带着对生命的感悟,在蛇的帮助下,以肉体死亡的方式返回了自己的星球,去照料他深爱的玫瑰花。

四、品读:与名著相会

一本好书需要我们慢慢品读,品读《小王子》,也是与《小王子》相会的过程,我们被故事中的细节深深感动,也沉思着《小王子》带给我们的生命感悟。

(一) 聚焦深刻细节

1. 你阅读《小王子》整本书时,最感动于故事中的哪个细节或精彩语段,请运用点评法写下自己的感悟,并与同学交流。

感动的细节、深情的朗读、精彩的点评(小组成员分享　班级

汇报展示）

五、精读：与名著相知

一本好书更需要我们精读其中的章节，精读《小王子》，也是与《小王子》相知的过程，这里有很多深刻的哲理需要我们去探寻！

（一）细读故事章节

1. 阅读第21章，请你概括这一章的大概内容。

小王子遇到了狐狸，狐狸让小王子________它，并且告诉小王子一个秘密：________。它叮嘱小王子不要忘记：对被你驯化了的，你将________。

2. 解读驯化

（1）狐狸所说的“驯化”是什么意思？（是指建立联系）

（2）驯化容易吗？它需要________。（耐心、规律、责任、仪式、时间）

（二）探究深刻意蕴

1. 从小王子和狐狸的交往中，我们懂得了怎样的哲理？

狐狸告诉小王子“看东西只有用心才能看清楚，重要的东西用眼睛是看不见的”。

要想获得友情，就必须经过“驯化”，创造关系，同时要树立责任感，要对身边的一切负责。

狐狸让小王子明白自己的玫瑰和玫瑰园的玫瑰是不同的，看清他的玫瑰是独一无二的，因为他为他的玫瑰付出过。

作者在这章里告诉我们，没有爱的世界是一个单调乏味的世界。“人们总是到商店里买现成的东西，但是，却没有一家商店贩卖友谊，所以，人类没有真正的朋友。”这是作者借狐狸之口对人类社会的批评。

狐狸是纯洁、友情、智慧的化身。

2. 作品中的形象

小王子:象征着希望、爱、天真无邪和埋没在我们每个人心底的孩子般的灵慧。

玫瑰:不懂爱情且略有“矫情”的花儿,象征着令人烦恼但又美丽的爱情。

猴面包树:象征人内心的某种欲望,如果不能及时发现并消除,这种欲望就会霸占人们的心智,驱使人们走向毁灭。

蛇的形象:小王子来到地球遇到的第一个生物就是蛇,而且也是蛇用自己的毒液帮助小王子回到他的星球。蛇,让人捉摸不透,看似邪恶的化身,最终却帮助小王子离开了地球。蛇象征着恐怖而又捉摸不透的死亡,看似生命的结束却也是另一场旅程的开始。

3. 主旨探究

通过一颗小星球上的一个小王子旅行宇宙的经历,表达了对人类“童年”消逝的无限感叹。作者以小王子的眼光,透视出这些大人们的空虚、盲目和愚妄,用浅显天真的语言写出了人类孤独寂寞、没有根基随风流浪的命运,同时,也表达出作者对金钱关系的批判,对真善美的讴歌。

六、深读:与名著相守

我们每一个人心中都住着一个小王子,有人从这本书中读到了“童真”,有人读到了“忧伤”,有人读到了“智慧”……那么,你从《小王子》中读出了什么?

(一)积累一个写作话题

1. 从《小王子》中,我读出了________(关键词),因为________。

(二)尝试一个写作拓展

1. 从这些话题中,精选一个关键词,运用《小王子》阅读素材进行写作拓展，形式不限，100 字左右。（可以是一则书评、一段感悟、几行短诗……）

要求：(1) 紧扣中心话题；(2) 运用书中素材；(3) 细节生动形象

七、课后作业

查阅资料，尝试从不同的角度解读《小王子》，积累一批和作品有关的写作素材，并在今后的写作中转化运用。

第三节　作文教学的“经”与“纬”
——论“写什么”与“怎么写”的对立统一

长期以来，学术界对中学作文教学中“写什么”和“怎么写”何为重要一直争论不休，或顾此失彼，或厚此薄彼。一味追求“写什么”，容易走向“泛生活化”“泛情感化”的误区；一味强调“怎么写”，容易陷入过分依赖“写作知识”“写作技巧”的泥淖。其实，“写什么”与“怎么写”并不矛盾，可以两相融合。

一、以“写什么”为“经”

中小学作文教学主要面对的不是写作“天才”，而是大量的“平民”学生，所以，我们的作文教学必须准确地把握每个年段大部分学生的基本特点，以“写什么”为“经”，制定精当的作文训练目标和方案，达成相应年段合理的作文教学阶段目标，这样才能使作文教学步入有效、有序训练的正确轨道，才能促进学生作文水平的整体稳步提高。

（一）按学生年段特点纵向规划作文教学

著名发展心理学家皮亚杰把认知发展分为感知运动阶段、前运算阶段、具体运算阶段、形式运算阶段四个阶段。[①] 小学阶段正处于具体运算阶段，其思维正处于由以具体形象思维为主向以抽象逻辑思维为主过渡的阶段，而初中生、高中生的思维正处于形式运算阶段，能对事件提出假设并进行解释，然后形成一个符合逻辑的假说。

作文教学根据学生年段特点规划教学活动显得尤其重要。我们可以根据学生年段特点，引导学生从身边的日常生活小事入手，写自己熟悉的人和事、景和物、情和理。其基本顺序应是引导学生从关注家庭生活开始，继而关注校园生活，继而关注社会生活。

按学生年段特点设计写作内容，符合学生的年龄特点和心理特点，可以解决作文教学“写什么”的问题，让学生“有话可写”。所以，我们不妨对小学至高中的作文训练大致作如下规划，以便达成相应年段的作文教学阶段目标：

第一学段：一二年级小学生思维的共同特点是直观性、具体性、形象性，对想象中的事物较为感兴趣。所以此阶段应该以写想象中的事物为主。

第二学段：虽然说学生已入校两三年，但就大多数孩子而言，最熟悉的还是家。依恋家庭是孩子的本性，只要他们写出自己所熟悉的家庭生活，写出自己对家庭生活的思考，就是走向作文成功的开始。所以，这个阶段应该以写自己的家庭生活为主。

第三学段：此阶段的小学生开始进入少年期，身心的发展正

---

① 郭念锋：《心理咨询师（基础知识）》，北京：民族出版社，2012年。

由幼稚趋向自觉。通过四五年的适应，孩子对校园生活逐步熟悉、适应，大多数孩子想要反映校园生活的愿望会越来越强烈。所以，这个阶段应该以写学校生活为主。

七年级：此阶段学生自我意识逐步出现，并会不断强化，内心世界也逐渐复杂。根据遗忘规律，有必要对前面学过的东西进行巩固。所以，这个阶段在复习巩固前几个学段的基础上以写自己和自己见到的人与事为主。

八年级：此阶段学生正处于由少年向成熟青年期过渡的关键期，其心理发展具有半成熟、半幼稚的过渡特点，尤其对周围的人与事呈好奇的心态。所以，此阶段可引导学生走出“自我”，学会写“其他”，在复习巩固写人叙事的基础上以描写景物、说明事物为主。

九年级：随着年龄的增长，初中生对生活已经有了一定的感悟，也有写作的动力。所以，这个阶段在复习巩固写人、叙事、描写、说明的基础上以抒写对生活的感悟为主。

高一年级：此阶段高中生已经逐步进入到青春期，有着自己独特的生活经历和情感体验。所以，这个阶段以写独特的生活经历、情感体验为主。

高二年级：此阶段是高中生人生观、世界观形成的重要时期，学生对自己、对生活、对人生、对社会都会有自己的情感态度和价值观，有表达自己观点的需求。所以，这个阶段以写自己的看法，表达自己的观点为主。

高三年级：此阶段高中生已经成熟，具备独特的思辨能力，有必要让他们进一步形成自己科学的世界观。所以，这个阶段应在高一、高二年级的基础上，学习对客观事物进行全面的、有创意的评价。

（二）按学期计划循序渐进设计作文题目

不同年龄段的学生，其思维方式和能力存在着差别，表现在学习心理、认知规律和特点等方面。所以，我们要根据学生年段特点，整体规划作文教学，有必要对每学期的作文训练作阶段性的规划，即每个学期作文各训练多少次，每一次训练突出什么重点，设计怎样的作文题目，在训练要求上体现怎样的层次，达到怎样的作文教学目标等。

如七年级（上），我们可以以写人叙事为主，围绕写人叙事，设计恰当的作文题目进行训练。具体来说，可从写自己开始，写到家庭成员，写到学校师生，写到简单的社会见闻。由于人的认识呈螺旋上升状，所以到七年级（下），可以再度从写自己开始，作第二循环。当然，到了八年级，虽然说应该以写景说明为主，但也还可以做些写人叙事的训练，以求巩固。如此循环往复，层层推进。

我们所说的作文教学的“平民化”，就是帮助占绝大多数的“平民”学生学会从容地吐露出自己的心声，要让学生明白应该在作文中“写什么”，具体要达到怎样的目标。

二、以“怎么写”为“纬”

作文教学应以“写什么”为“经”，明确“经”度上的纵向教学目标；还应该以“怎么写”为“纬”，明确“纬”度上的横向教学目标，这样经纬交织，构建出符合“平民”学生特点的循序渐进的写作体系。

（一）关注学生的个体差异

众所周知，儿童青少年心理发展的质的变化就表现为年龄特征。心理发展的年龄特征，不仅有稳定性，也有可变性。在同一年龄阶段中，既有本质的、一般的、典型的特征，又有人与人之间的差异性，即个别特点。

所以，按照学生的层次横向设计作文教学的目标，解决“怎样写”的问题，首先要关注学生在各方面的差异。这种差异，主要表现在以下几个维度：首先是分析、综合、概括、想象、联想等思维能力，其次是审题、立意、选材、布局等写作基本能力，再次是掌握写人、叙事、描写、说明、议论等基本表达能力。

在这样的基础上，再对以上能力做进一步的细化。例如描写这个“点”，还可细化为人物描写、场面描写、景物描写等等。

（二）兼顾不同层次的学生“个体”特点

作文教学要有计划、有针对性地进行写法的训练，以“怎么写”为纬。从“平民视角”出发，我们不仅要根据大部分学生的写作水平，关注整体“面”上的写作；还要关注学生的个体特点，兼顾到个体“点”的提高，指导最普通的学生“怎么写”。

按照学生的不同层次，作文教学中可作分类指导。“顶尖”学生，在兼顾每次作文训练基本目标的基础上，引导其个性化表达；对我们更为关注的一般水平的“平民”学生，主要在达成每次作文训练基本目标的基础上，进行“升格”；对一些基础“薄弱”的更为“平民”的学生，达成每次作文训练的基本规范即可，可以让其适当“模仿”。

在作文教学实践中，我们经常会发现这样的现象：教师只对班级“写作高手”的优秀范文进行赏析、点评，大加赞赏，而对一篇篇在审题、立意、选材、结构、语言等方面有诸多问题的作文束手无策或是置若罔闻。不少教师的作文教学只是关注结果，重点展示、交流优秀学生习作，以此坐而论道。

一方面，虽然说部分“顶尖”学生的写作大有可借鉴之处，但毕竟代替不了绝大部分“平民”学生的写作;另一方面,教者不能仅仅通过几篇优秀范文的学习代替对“平民”学生的指导。所以,我们更要关注“平民”学生“怎么写”,“如何写”才能写得更好,应达成怎样的目标,这样的作文教学才能对学生起到切实有效的指导作用。

总之,作文教学中应站在学生视角思考,引导学生表达,也应该更加务实,尤要提倡“作文就是生活”和“作文就是说话”的理念,真正在写作教学中指导“平民”学生,这样学生的总体写作水平才能得到提高。

三、《让笔下的人物“活”起来》案例分析

根据学生年段特点,初二学生的写作虽然应以描写景物、说明事物为主,但在教学安排中复习一下“如何写人物”也非常有必要。本案例为某高校教学法教师借班[①]苏州市工业园区星海学校“初二”学生,为“课程与教学论(语文)”研究生开设的一堂作文教学示范课,为第一课时。[②] 现摘要如下:

(一) 案例

导入

课堂开始激趣(即开篇激趣),借用自己的一幅漫画进行自我介绍,引入课题“怎样让你笔下的人物‘活’起来”。

交流指导

1. 环节一:联系描写孔乙己文字的语段,让不同的学生学习借

---

① 借班:借用他校或他班的学生(来上课)。

② 陈晓姿:《让笔下人物“活”起来——一堂作文教学的课堂实录》,《中学语文教学参考》2007 年第 1 期。

用其他人的话介绍教者。争先举手者先说，其他同学模仿着说。

（阶段目标一：让不同层次的学生学习借用别人的介绍来写人物——某老师介绍、某同学介绍、其他人介绍。）

2. 环节二：联系描写孔乙己文字的语段，让学生观察教者带来的一个包，展开联想，再通过投影上的自行车、手中的名片展开联想。

（阶段目标二：让不同层次的学生通过教者的包展开联想，学习通过有关的物件来表现人物。）

3. 环节三：联系武侠小说《书剑恩仇录》中士兵见到“香香公主”时的反应，让学生回忆上课前的场景，描述当时课堂的反应与场面。

（阶段目标三：让不同层次的学生明白可以通过旁人的反应表现人物——班级同学的反应、听课老师的反应，以及环境烘托等。）

4. 环节四：亲自扮演“模特”，让学生观察、小组讨论交流。使学生明白，除了通过侧面描写，还可以正面直接写人物的肖像、语言和动作。

（阶段目标四：让不同小组的学生选出代表回答“主角”闪亮登场时的场景——肖像、语言、动作。）

课堂总结

通过间接描写和直接描写可以让笔下的人物“活”起来。至于侧面描写的几种方法，掌握其一，不一定要全部学会。

（二）分析

授课教师围绕如何“让笔下的人物‘活’起来”为我们开设了一堂很有特色的“很平民”的写作课。

就“写什么”而言，写作教学首要的是让学生能够有话说、有话写。上文说过，写作的过程是一个循环往复逐步上升的过程，虽然说初二应该以写景、说明训练为主，但适当对初一时学过的写人叙事做一些复习性的回顾，很有必要。从作文教学阶段目标达成上来说，通过写“别人”来巩固写“人”，对初二学生甚为妥当。据此，授课教师充分从生活中挖掘写作素材，以自身为例，为学生寻找鲜活的写作素材，充分调动了学生学习写作的积极性和主动性。教学过程中，授课教师重在教会学生观察生活的方法，让学生有东西可写，让学生明白针对人物而言，可以“写些什么”。

就“怎么写”而言，授课者能够在写作中因材施教，让绝大部分学生掌握侧面描写的几种方法，基础好的学生多学几点，基础不够理想的学生少学几点；让语言表达较好的学生充分发表自己的见解，语言表达能力尚欠的学生模仿表达；让不同小组的学生推荐代表现场进行口述作文；通过具体语段阅读让大多数学生对判断写人的方法这一能力加以巩固。由于所借之班学生整体水平较高，所以可以做正面描写与侧面描写相结合的训练；如果换一个普通一点的班级，或许只能进行某一种侧面描写的训练。

就“写什么”与“怎么写”的交融而言，这堂课摆脱了生硬的知识传授，让学生在有话可说的基础上充分尝试去说，去写，去实践。在写人的作文中，还可以在此基础上，让学生写得更加生动、更加感人，让学生明白写人时，还可辅以一定的细节，或者是饱含深情地去展现人物的性格特征。

综上所述，作文教学应该辩证地解决“写什么”与“怎么写”之间的关系，以“写什么”为经，以“怎样写”为纬，在“写什么”基础上渗透“怎样写”，并达到一种水乳交融的境界。如此，就有望构建出一个纵横交织、循序渐进的立体化、动态化的作文序列来，力求让不同层次学生的写作水平都能得到有效提高。

第四节　浅析高中生考场记叙文的四大禁忌

——以记叙文《我的精彩》写作为案例

记叙文是高中生日常写作中接触最多的一种文体，也是高中生必须花费时间和精力写好的一种文体。一篇好的考场记叙文能瞬间吸引住阅卷老师，让人怦然心动，甚至拍手叫绝。

精心雕琢好记叙文这块“瑰宝”对于高中生来说尤为重要。笔者阅卷时发现，很多同学写作记叙文时总容易犯一些禁忌而踏入“雷池”。如何不让阅卷老师第一时间点入自己的“死穴”，高中生写作记叙文时关注并避免这些禁忌就显得尤为重要。

一、忌故事式、新闻式、漫画式的长篇叙写

有的同学写作记叙文动辄就喜欢援引一则故事、一个新闻、一篇报道等等，用意无非是说明一个道理、一个感悟或是一个哲理。阅卷中，有时发现一些同学整篇文章讲述湖南卫视一档叫《变形记》的节目，讲述主人公变形后收获人生的精彩故事，自己从中受到了感化和教育。

其实不管是长篇大论还是短篇小论，这些同学都犯了写作记叙文的禁忌：不宜长篇叙写故事，因为一篇考场记叙文并不是要我们写读后感或是观后感。

【案例 1】 曾看到这样一幅漫画：有两个鱼缸放在一块，其中一个鱼缸里有十条鱼，另一个鱼缸里只有孤单的一条鱼。十条鱼都很羡慕另一个鱼缸里的一条鱼。“唉，你看它，那么大的一个空间就它一个在里面，好宽敞，好自由哦！我们这一群鱼都挤死

了!”而在一条鱼的鱼缸里,那一条鱼反而羡慕那十条鱼,它说:“唉,那么那么多都挤在一块儿,我一个在这里好孤单啊!”最后,他们同时想出了一个主意:跳到对方的鱼缸里去! 可是,那一条鱼还是孤单地在一个鱼缸里,因为它们一起跳了出去,一起跳进了别人的鱼缸。

看了这幅漫画,我想了很久。生活中的事情是否也莫不如此呢? 我们总是羡慕他人,殊不知,在我们羡慕他人的同时,他人也在羡慕我们。世界上也没有十全十美的人。“梅须逊雪三分白,雪却输梅一段香。”不要为自己的缺点而自卑,应该为自己的精彩而高兴,要相信,我有我的精彩!

【点评】 虽然文章全篇不是都讲这么一个漫画故事,但是叙述漫画的文字有近250字,超过考场800字作文1/4的篇幅,实为不当,给人以冗长之感。

二、忌空洞式、说教式、口号式的议论抒情

一篇记叙文,在叙述描写中适当地穿插抒情和议论,是一种极好的点染,会使细节得到点化,情感得到渲染,主题得到升华。

记叙文的议论首先要紧扣记叙的内容,自然贴切,起到“画龙点睛”的作用。其次,还要言简意明,恰如其分,点到为止,不可长篇大论,否则会喧宾夺主,影响中心的表达。

记叙文的抒情最好是有感而发,要写出自己的真情实感和自己独特的感悟,切忌空洞的说教式空话,凭空抒情,只能叫无病呻吟。

有的同学在记叙文开头就喜欢引用一系列名人的例子,以引发自己的感慨,其实也不当,例如:

【案例 2】

文章开头：

人生就像一个化学反应，生成物中的元素是不会凭空出现的！精彩也不会从天而降：爱迪生用他的坚持，为人类带来电灯，成就了他的精彩；海伦·凯勒用她的乐观，向世人描绘了聋哑人的顽强，成就了她的精彩；司马迁用他的信念，书写了惊世骇俗的著作《史记》，也成就了他的精彩！而我的精彩用什么谱写呢？

【点评】 文章开头就列举爱迪生、海伦·凯勒、司马迁的例子进行议论，完全是议论文的笔调，且例子老套，用在记叙文开头不当。

还有些同学平时喜欢摘抄精美的句子，写起作文动辄就是盘古开天地之类的话语。文章中充斥着豪言壮语，空洞地抒发自己的情感，这些抒情貌似和主题相扣合，其实尽是些大而无当的陈词滥调。还有个别同学喜欢从政治教材中寻章摘句，校园里浮泛文风之盛可见一斑！

【案例 3】

文章开头：

精彩，她雷击着古老的传说，扬起古楼兰的风沙；她闯入秦宫，越出汉墙。携起脚边的泥沙，剑一般地飞到我们的身边。

文章结尾：

不一般的我演绎出不一般的精彩！相信我一定能发扬中华民族助人为乐的品质，不断奋斗，不断前进，打造新一代社会中的道德素养。

【点评】 文章开始的句子看似气势磅礴，富有文采，实质却是空洞的抒情，在记叙文中大而无当。文章结尾的句子带有口号式的说教，显得生硬呆板。

三、忌滥排比、瞎引用、乱对话的语言表达

有的文章，开头想先声夺人，想不出好的办法，于是就把格言、警句等一股脑儿地搬出来，以为这样就算是个好的开头。其实这种做法带有很大盲目性，效果往往很差。

考场作文经常见有的同学不管三七二十一，开头结尾上去就是三个排比句，生搬硬套，往往和题旨相差甚远；有的同学自恃背了很多诗句，似乎脱口成诗，但是运用不当，往往也画蛇添足，毫无必要；还有些同学，受到一些流行小说、网络语言的影响，记叙文绝大多数篇幅都是人物对话的堆砌，冗长乏味！

【案例 4】

文章开头：

如果我是山，就要站成一种尊严，让山花灿烂，山风拂面，让每一处角落都渗透梦的语言，让我的价值在太阳下展现；如果我是水，就要流成一种磅礴，让水流无声，深水静流，让每一滴水流都汇聚诗的源泉，如果我是海……

精彩，它是岳飞的拔剑戟地，它是关公的温酒斩华雄，让人仰天长啸，壮怀激烈。

【点评】 开头滥用排比句，给人矫揉造作之感。实在看不出和文章有多大关系，在记叙文中实为败笔！

有些同学喜欢搞诗句串联，认为“文有诗句气自华”，背些诗句，提高个人的语文素养和文章的文化底蕴本也无妨，但是引用不当就会闹出笑话。

【案例5】

这是摘自某位同学记叙文中每段开头的诗句：

“夜来风雨声，花落知多少。”……

“衣带渐宽终不悔，为伊消得人憔悴。”……

“洛阳亲友如相问，一片冰心在玉壶。”……

“蓦然回首，那人却在灯火阑珊处。”……

【点评】 该同学这篇记叙文很流畅，情感也很真挚，但是，文章每段的诗句令人费解，有点让人摸不清头脑。

有的同学写记叙文，全篇密密麻麻都是引号，喜欢搞人物对话，有的同学更是一个人物的对话成一段，800字的作文很容易在记述人物对话中变为流水账。

【案例6】

这是摘自某位同学记叙文的一个片段：

“××，你把这一摞书搬到办公室去，然后……”听着老师那绵绵不断的话语，我不禁感慨：苍天啊！这是要累死我呀！“老师，你这是要把课代表累死啊！”突然，老师停止了，“多吗？我觉得很快就可以办好。”我晕。

我慢慢地从座位上站起，开始我那漫漫征程。“××，我来帮你。”我似乎看到了救星，然后其他人也不约而同地加入了这个行列，人多力量大，本要30分钟的事，10分钟就搞定了。“谢谢啦！”我说。“不客气！”顿时，我知道了“朋友”这个词的含义。

【点评】 该同学整篇作文人物语言泛滥。仅从摘录的片段来看，只是将生活人物的话语进行直录，缺少艺术的加工和典型性语言的塑造，而且个别网络语言也不雅！

其实记叙文的人物语言不宜太多，朱自清《背影》中父亲的话也就仅仅五句，却成为至今都闪耀着脉脉温情的经典篇目，确实值得不少同学借鉴。

四、忌同素材、只概述、无细节的自我缺失

有人将考场记叙文的写作要求概述为“三个必须”，即：必须有一个相对完整的故事情节；必须有一到两个比较清晰的人物形象；必须以记叙、描写为主，特别要重视细节描写，抒情和议论应当压缩到最小的篇幅。

考场记叙文很忌讳素材雷同或者只概述故事情节的泛泛而谈。因为记叙文离不开描写，描写是记叙文的灵魂。描写是在记叙的基础上，用生动形象的语言，将人物、事件、景物存在与变化的具体状态进行精细的描绘。这样可以造成一种如见其人、如闻其声、如临其境的感觉，使读者受到艺术感染，产生难以忘怀的印象。

例如很多同学写《我的精彩》一文时，选取自己第一次参加演讲、歌咏比赛的事例，或是运动会跑步、扔铅球等展示自己精彩瞬间的例子。并不是这些例子不切合主题，而是一个班级就有很多同学在素材上雷同，试想如果当整个年级，以至全省，大家都在写同一个题目时，肯定会发生“撞车”“翻车”等特大交通事故。

记叙文最好将主人公设定为自己，用第一人称入文，让“我”的激情在文章中闪光，惟其如此，才能情真意切，引起共鸣。

笔者阅卷时发现，很多同学在考场上写起记叙文来特别容易“忘我”，即文章虽然也是符合记叙文文体要求的，但是全篇找不到“我”的身影，或者“我”只是一个冷眼的旁观者，最后从中受到教育和启发，这也是考场记叙文的一大禁忌。

写好一篇记叙文就像下好一盘棋，怎样将这盘棋下活，这里有战略和战术的问题。同时，我们也需要关注容易迈进的“雷池”和“禁区”，目的是越过“雷池”，跨过“禁区”，让考场作文受到阅卷老师的青睐，在瞬间脱颖而出！

第五章　“平民化”视野下语文教学问题的商榷

语文教学是一门弹性很大的学科，常因教育者对语文学科性质的理解、对语文教育目标的理解、对语文教学途径的理解有异而不同，可谓是智者见智，仁者见仁。近年来，语文教育界的各类争鸣较多，讨论非常热烈，我们秉持“平民化”教学理念，立足语文教学实践，思考某些现象与问题。“愚者千虑，必有一得”，野人献曝，以求教于方家。

第一节　警惕语文课堂的四大“病症”

新课改后，不少语文课标榜一些新理念，打着一些新旗号，以致语文课走向另一个误区，主要体现在：一是依靠过度活跃的课堂气氛支撑“脸面”的语文课；二是通过各种华丽包装却毫无作用的高效课；三是依靠“群演”衍生出轰轰烈烈的小组合作讨论课；四是远离教学目标、偏离课堂轨道的动态生成课。

笔者截取一线语文教学中的实际案例和现象，以此呼吁警惕语文课堂的四大“病症”。

一、过度活跃的课堂气氛:支撑语文课的“脸面”

一堂好的语文课,要有活跃的课堂气氛,但是,气氛异常活跃、热热闹闹的语文课未必就是一堂好课。语文课堂评课时,“学生是否动起来”常是评价一堂课好坏的一个标准,如果课堂气氛过于“冷场”,常会被认为“学生没有被充分调动起来”。

为此,不少语文老师常为活跃课堂气氛绞尽脑汁,甚至“不择手段”,从而偏离了“语文”的轨道。

【案例1】 某教师在教授文言文《廉颇蔺相如列传》时,事先让学生排演好“完璧归赵”的课本剧,整节课就是让几个学生表演给全班学生看。

按:学生课堂上看得津津有味,课堂气氛也异常活跃,但是学生文言文学习的素养和能力究竟如何得到提高?

【案例2】 某教师教授苏教版高中语文必修四“笔落惊风雨”专题下杜甫的诗歌《登高》时,设计了体悟诗歌情感的环节,并让学生参与课堂的讨论。课堂上学生异常活跃,积极展开讨论,课堂气氛也因此热闹非凡。

按:值得商榷的是,杜甫的《登高》一诗充分表达了诗人长年漂泊、忧国伤时、老病孤愁的复杂感情。笔者认为闹闹哄哄、过度活跃的课堂讨论破坏了《登高》这首诗歌的意境。

所以,语文课堂仅仅浮于表面的繁华热闹肯定是不行的,学生积极发言,课堂气氛活跃仅仅是表象。我们认为语文课的课堂气氛,绝不能为了活跃而“活跃”,我们要追求语文课堂“思维”的活跃,让学生的“思维”真正动起来。此外,课堂气氛也最好依据文本特点,某些感情明显低沉、压抑、悲凉的文本,课堂气氛不一定要过于活跃。我们提倡语文课堂上“宁静”的读思品质，千万不能漠视文本，漠视静心的阅读，导致语文课上学生不再圈点勾画，不再沉浸文本，不再咀嚼品味语言。

二、华丽包装的高效课堂：毫无作用的“强心剂”

有效课堂、高效课堂是近年来较为流行的教学理念，因此，不少华丽包装的语文高效课堂纷纷被模仿和兜售。这种课堂打着有效课堂、高效课堂的旗号，而实质上却是名目繁多、别出心裁的各种作秀和折腾，常常屡见不鲜。

【案例 3】 目前语文高效课堂有如下几种不良倾向：模式化高效课堂被大量复制；片面追求语文课堂的大容量；刻意强调语文课堂的学生活动；围绕语文应试指导层出不穷等等。

按：目前，学界对语文教学的高效课堂没有统一规范和界定，所以刻意追求语文课堂的有效、高效，也会使语文课堂“走火入魔”。

对语文高效课堂的理解，首先要弄清楚何为一堂高效的语文课。我们认为在一节只有 45 分钟时间的课堂内，至少要符合这样的几个条件：精准明晰的教学目标，环环相扣的教学过程，有效高效的学习过程，学生有得的目标达成。也就是说，高效的语文课，没有那么繁复，简言之，就是教师的“教”和“学”都围绕教学目标有效、高效地展开即可，力求让绝大部分学生有“所得”。

其次，值得我们深思的是，语文教学的行家里手都应知道，语文教学和语文学习应该更像“农业生产”，慢工出细活，而不应像“工业生产”那样，能够大规模地生产复制。所谓有效、高效的课堂，如果没有真正固化为学生自主学习语文的兴趣和能力，一切都是徒劳。所以，各式各样依靠华丽包装的语文高效课堂，实属毫无作用的“强心剂”，治标不治本。

再者，就所谓语文高效的复习训练指导课来说，大多数高三语文老师都心知肚明，也常常叫苦不迭，如诗歌鉴赏这类题型花费大量时间和精力训练，收效却甚微。因为所有的解题技法和答题规范，都是建立在学生读懂诗歌的前提下，没有此前提，所有的方法指导实际上都没有太多的作用。

所以，语文课堂的教学不能刻意追求快捷，讲求大容量，语文课应该“慢下来”，该浸泡文本，则让学生沉浸文本，该咀嚼品味，就让学生咀嚼品味，真正让学生亲近文本，走进文本，理解文本。

三、轰轰烈烈的小组合作：依靠群演的“个人秀”

教育部颁发的2017年版《普通高中语文课程标准》在教学建议中明确指出：“创设综合性学习情境，开展自主、合作、探究学习。”[①]因此，“小组合作”学习成了当下不少语文课的必备“杀手锏”，这种倾向在不少公开课中愈演愈烈。

【案例4】 常见到这样的现象：语文课堂中，教师的探究问题抛出后，各小组纷纷“行动起来”，语文课堂顿时异常活跃，讨论声、争执声此起彼伏，甚是好看，成为语文课堂一道靓丽的“风景”。

乍看学生在热热闹闹地讨论，但是，在交流时发现小组讨论并没起到实质性的作用。小组讨论中大多数成员仅仅成了“群众演员”，担当起“配角”，只是小组某位同学在交流时“领衔主演”，展示个人的魅力；或者一部分小组流于形式，某些小组“独领风骚”。

---

① 中华人民共和国教育部：《普通高中语文课程标准（2017年版）》，北京：人民教育出版社，2018年。

新课改后，不少语文老师很喜欢在课堂上运用“小组合作探究”的教学方式，似乎语文课如果不进行“自主、合作、探究”就违背了新课改的精神。其实，很多老师只是借用小组合作探究的花架，却不能领会小组合作的精髓。

“小组合作讨论”这种教学方式，在语文课堂的操作层面上至少要考虑到以下因素：(1) 班级小组是如何构成的？每个小组是否能充分参与课堂？(2) 小组间的成员任务如何分工？如何讨论？怎样讨论才有实效？(3) 怎样让绝大多数小组成员在参与讨论时提高自己语文的读写听说能力，能够有“所得”？(4) 怎样让大多数小组的学习成果得以展现？如何将合作、探究引向深入？

我们认为，就语文课堂班级小组的构成来说，首先，每个小组最好实力相当，这样才不至于个别小组“轰轰烈烈”，个别小组“沉默无言”；其次，小组讨论时，最好明确每个组员的任务和分工，在时间充分的条件下，可以形成纸笔化的内容；再者，教者设计问题要有启发性、探究性、合作性，要紧紧围绕语文要素展开，不能仅流于浅层次的讨论；最后，要留有充分的时间进行交流和展示，以形成学习经验或者成果。

只有充分考虑到上述基本前提，语文课堂中的“小组合作讨论”才能真正落到实效，才能使绝大部分学生获得应该具备的语文素养。

四、偏离轨道的动态生成：远离目标的“伪面具”

关于语文教学的“预设”与“生成”在当下也受到热议。有人认为没有生成的语文课不能算作一堂好课，所以就出现了一批刻意追求“生成”的语文课。

【案例 5】 当下语文课堂过度强调“生成”有如下倾向：一是围绕“话题讨论”展开的研讨活动课；二是借助“课外阅读”漫无边际的拓展延伸；三是以“个性解读”为依托的多元文本解读。

“话题讨论”探究研讨，“课外阅读”拓展延伸，文本多元“个性解读”等丰富语文的活动本无过错。但是，诸如此类的语文课堂，还是要以精心预设为基础，这样才能精彩生成。我们尤其要思考，此类形式与活动和“教学目标”的关系如何，“学生所得”是什么，不然语文课就会偏离轨道。

我们认为，语文课堂必须要有充分的预设，教学预设是教学生成的思想基础。语文课堂的教学生成应该是预设的创造过程，而不应是脚踩西瓜皮，踩到哪儿滑到哪儿。此类丰富多彩的语文课，如果没有确切的教学预设作为指引，就只能走向歧途。

我们反对没有确切目标的“话题讨论”活动课；反对脱离教材、架空文本的“课外阅读”拓展课；反对不着边际、看似“个性解读”的文本多元解读。这些所谓打着“生成”旗号的语文课堂，实质上漠视了语文教学的预设，刻意追求语文教学的“生成”，并不能将语文课堂引入理想的彼岸。

所以，针对语文课堂的“话题讨论”，要始终围绕文本，精心预设话题，讨论结束时，也要紧扣文本；针对“课外阅读”拓展延伸时的“生成”，也要紧扣文本的“文”与“道”展开，力求将文本的“文之所得”和“道之所得”引向深入；针对文本的“个性解读”，一定不能漫无边际，肆意妄为。

综上所述，我们认为语文课堂无需过度活跃的课堂气氛，而亟需回归“宁静”的阅读品质；要减少刻意追求华丽包装的高效语文课，淡化功利色彩；要紧扣住教学目标，围绕“教”与“学”展开。当然，语文课堂还要少一些轰轰烈烈的小组合作，摒弃精彩的“个人秀”，真诚地面向每一位学生，更要摒弃太多偏离“预设”轨道的“生成”。这样，语文课才能向理想的彼岸迈进！

第二节 语文课堂教学“模式”的商榷

新课改背景下，各种理论应运而生，各种理念纷至沓来，以致各种各样的教学模式粉墨登场。近年来，语文教学模式大行其道，且有热炒之势，似乎没有模式就结不出教改之硕果，似乎没有模式，教学理念也就会失去其独有价值。现就语文教学模式这一问题，提出商榷。

一、行政命令导致“模式”泛滥

什么是教学模式？顾明远主编的《教育大辞典》认为，教学模式是反映特定教学理论逻辑轮廓的，为保持某种教学任务的相对稳定而具体的教学活动结构。[①]

笔者在《中国基础教育期刊全文数据库》搜索查询出的题为“语文教学模式”的文章就有 569 篇，其中不乏思辨和反思的声音，但大多还是如火如荼的语文教改的经验和成果。当前的“教学模式”主要有以下两类：

一类是备受追捧、较为火爆的教学模式。如山东杜郎口中学的“10＋35”模式，即教师用 10 分钟分配学习任务和予以点拨引导，学生用 35 分钟“自学＋合作＋探究”。如山东兖州一中的“循环大课堂”模式，“循环大课堂”把课分为两截，“35＋10”，即“展示

---

① 顾明远：《教育大辞典》第五卷，上海：上海教育出版社，1990 年。

＋预习”。如江苏洋思中学“先学后教、当堂训练”的教学模式，号称为“以学生自主学习为中心”的课堂教学模式。

一类是各地摸索、自身形成特色的模式。如江苏省镇江第一中学的“问题导学”课堂教学模式，即以问题为主线，围绕师生共同提出问题、研究问题、解决问题的主线组织的教学。再如“自学—交流—达标”“自学案＋小组合作学习”“361互助合作式课堂教学模式”“三疑三探”等课堂教学模式。

各种教学理念、教学模式大行，让人眼花缭乱，不知所措。这些种类繁复、称谓奇特的教学模式真的有那么神奇吗？真能创造语文教学的神话吗？笔者所知某些地区强行推进所谓的教改成果、教学模式，要求各个学科必须严格执行某种教学模式，甚至针对课堂教学各个环节也有具体规定。

二、语文教学无须太多“模式”

语文课承受了不该承受的重量，再经过这些教学模式的绑架，一线语文教师早已无暇喘息。“教学模式”本身没有任何的问题，但并不应成为“放之四海而皆准”的语文教学“真理”，也不该成为所有语文教师都必须遵循的“法则”。

（一）教学模式的积极作用不容抹杀

毋庸置疑，语文课堂教学模式自有其益处，对刚入职的语文教师的课堂有一定的推动作用。新入职教师，经验缺乏是不争事实，一些模式确实能起到引领和示范作用。

如某位特级教师针对散文教学，总结出了散文教学的大致思路，即“理其脉，品其美，悟其旨”的教学模式，并亲身上阵开设示范课《听听那冷雨》，获得一致好评，而那些年轻的模仿者也都获益匪浅。

针对不同课型，语文课堂教学模式有一定的积极作用。如针对高三语文二轮专题复习课，某校总结出的“课前检测、目标展示、经典重现、方法提示、旧题回顾、拓展提升、课堂总结”教学模式，在一定程度上有利于课堂效率的提高。

但是，一些地区、一些学校一旦认定某种课改经验、某种教学模式，常常就会通过行政化的手段进行粗暴的干预，语文教师在这种形势下，势必显得卑微，成为语文教学中的弱势群体。殊不知，当“速成式”“邀功式”等行政命令的屠刀架进语文课堂的时候，语文教学必将缺乏深度的思考和个性的张扬，语文教学也将会陷入“一潭死水”，逐步走向平庸。

（二）若盲目复制，教学模式会贻害无穷

著名语文教育专家于漪曾指出：“差不多一个模式，我是比较反对的。大家用一个模式，会出现什么状况呢？标准化的教师。标准化的教师就无法张扬个性，你这个人的才华和潜能自然也就显示不出来了。我们很多中青年教师很有才华，但是被框住了，潜能出不来。因为一个模式定型了以后，已经是死水一潭了。……不同的文章有不同的教法，不同的学校有不同的教育对象。难道你用一个模式就可以套住了吗？套不住的。所以我觉得这是一种危害。”①

其一，从学科性质和教学规律角度考虑。语文教学要尊重学科的基本特点和基本规律。2017 年版《普通高中语文课程标准》对语文课程作了如下界定：语文课程是一门学习语言文字运用的综合性、实践性课程。工具性与人文性的统一，是语文课程的基

① 于漪：《语文教师必须有教学自信力》，《语文学习》2010 年第 1 期。

本特点。学生应在语文课程中通过自主的语言实践活动和言语经验积累，把握祖国语言文字的特点和运用规律，在真实的语言运用情境中，加深对祖国语言文字的理解与热爱，培养运用祖国语言文字的能力；同时，增强思辨能力，提高思维品质，养成基于正确价值观的审美情趣和文化感受能力。[①]

由此可见，语文课程性质的根本在于语言文字的综合运用与实践，在实现此任务的基础上，增强思辨能力，提高思维品质，养成基于正确价值观的审美情趣和文化感受能力。语文学科的任务是培养、提高学生正确理解和熟练运用祖国语言文字的能力。提高学生的读写听说能力是语文学科义不容辞的任务，语文教学要守住此根“本”。

所以，没有任何一种语文教学模式能带来教学的最佳效益，语文教学只能依据学科的特点和规律，具体问题具体对待。如果离开语文学科的基本特点，或者剥蚀语文教学的内在精髓，语文教学模式只能是“虚幻的空中楼阁”。

其二，从教材选编和文本特点角度考虑。语文教学要尊重教材、文本特点和编者的意图。如果教师对教材、文本只是浅尝辄止，或是隔靴搔痒式的敷衍，甚至对编者选编教材的意图根本不了解，就套用某种教学模式进行语文教学，后果不堪设想。

就不同文体的教学来说，散文教学应有散文教学的一般特点和规律，小说教学应有小说教学的大致思路和方法，诗歌教学应上出诗歌特有的味道。语文教学如果硬性冠名在某种教学模式下，就会显得不伦不类、牵强附会。

就同一类文体的不同篇目来说，每个文本都有其独有的特

---

① 中华人民共和国教育部：《普通高中语文课程标准（2017 年版）》，北京：人民教育出版社，2018 年。

色。每个文本所承载的“文”和“道”也大不相同，教学方法和策略也要各有所宜。此外，语文教学中的新授课、复习课等，因课型不同，教学模式也不能一概而论。因此，教师在不同文体、不同篇目、不同课型的教学活动中，可以创造性地采用不同的教学形式和方法。

其三，从教师“教”和学生“学”的角度考虑。我们常说“教无定法”，教者如果没有理解一些教学理念、教学模式的精髓，生搬硬套地加以拼凑，就只能沦为模式的“操盘手”。一则教师个性被束缚，思维必然僵化，导致对文本的浅尝辄止；二则课堂如陷入“模式”的泥潭不能自拔，就会失去活力。语文教学的“教”要根据学生具体情况呈现多样化的格局，力戒单一和刻板，这些都是模式化教学所不具有的。教学模式一旦成为特色化的经验加以推广和复制，语文课堂就像是用一个模子刻出来的，教师的个性则被泯灭，课堂也就失去了灵动的色彩。

《义务教育语文课程标准(2011 年版)》明确指出：“学生是学习的主体。语文课程必须根据学生身心发展和语文学习的特点，爱护学生的好奇心、求知欲，鼓励自主阅读、自由表达，充分激发他们的问题意识和进取精神，关注个体差异和不同的学习需求，积极倡导自主、合作、探究的学习方式。”①显然，模式化教学不利于学生个性化成长。语文课堂要尊重学生的认知特点和心理需求，力求上出“语文味”。

---

① 中华人民共和国教育部：《义务教育语文课程标准(2011 年版)》，北京：北京师范大学出版社，2012 年。

三、挣脱“模式”，走自己的路

语文教学需要个性。只有展示特色的课堂，才能展现教者的个性，才能凸显语文的魅力。否则，千篇一律，千人一面，人云亦云，不仅扼杀了语文课堂的灵动，也泯灭了语文教师的个性，更降低了语文教学的品格。

（一）丢掉强行推行的模式

强行推行的教学模式不能兼顾到具体的教情和学情。我们不能被这些模式捆住手脚，束缚住教学思想和个性。我们应该始终立足于教学实际情况和语文文本的独特个性，研读文本教材，针对教师和学生的具体情况，形成自身的风格和特色，让语文教学最大程度保持个性与特色，不遭受模式的“异化”和“伤害”。

（二）视具体情况改造调整模式

我们可以改造模式为自己所用。正如鲁迅先生在《拿来主义》一文中所说：“总之，我们要拿来。我们要或使用，或存放，或毁灭。”也就是说，对于教学模式，要取其精华，去其糟粕。符合语文教学实际情况的教学模式，大胆采用；束缚语文教学和教师个性的教学模式，大胆摒弃；依据个人教学情况和文本特色还可适当调整教学模式，改造使用。总之，我们绝不能使语文教学走进“模式化”的怪圈，失去语文教学的原汁原味。

如某种教学模式确实有其优势，就可根据学情和教情改造调整，如上述某校高三两轮复习总结出的“课前检测、目标展示、经典重现、方法提示、旧题回顾、拓展提升、课堂总结”教学模式，就可以根据实际情况改造使用，其核心的“经典重现、方法提示、旧题回顾、拓展提升”环节可以保留，其余则大胆舍弃。

（三）自创模式并不断调整

我们还可以发挥自身优势，自创“模式”。语文教学模式既然是在教育教学实践中摸索总结出来的，就符合一定的教学规律。那么，语文教师也可根据自身实际情况自创模式。如某教师大胆摸索，发挥自身优势和教学实际，创立了自主学习文言文的课堂模式，即“阅读预习，清晰流畅；勾画难点，独立思考；交换疑问，形成核心；师生活动，解决问题”。该模式根据高中文言文教学实际情况，以及高中生思维特点，形成了文言文教学的特色，取得了很好的教学效果。

即使如此，该语文教师在教学不同的文本时，都有不同的变化。在文章教学时，上述模式可调整为“课内预习，整体把握，阅读质疑，合作探究”的模式；在文学作品教学时，上述模式可调整为“整体感知，梳文理脉，问题探究，合作交流”的模式；在文言文教学时，上述模式可调整为“初读感知，落实字词，尝试翻译，质疑释疑，赏析文本”的模式。

语文教师不该成为“装在套子里的人”，语文课堂应该充满原生态的“语文味”。所以，当下语文教育应不断反思与重构，追求高品质的语文教学，迈入“后模式时代”，着力“去行政化”，如此才能追寻到语文教学的真谛！

第三节　语文课堂的“预设”与“生成”

语文课堂教学有必要精心预设，通过预设与生成，环环相扣，达成每堂课的目标。然后，通过每个单元、每个学期、每个学段目标的实现，螺旋上升最终直至“终极目标”。

雅斯贝尔斯（K. T. Jaspers）说过，预设是一种计划，它是实践者的一种在特定情况下不可缺少的细节安排。[①]《教育大辞典》对“生成”的解释是:“强调学习过程是学习者原有认知结构与从环境中接受的感受信息相互作用、主动建构信息意义生成的过程。”[②]

一、预设:“静”中求“精”,可“留”也可“拓”

叶澜教授说:“课堂应是向未知方向挺进的旅程,随时都有可能发现意外的通道和美丽的图景,而不是一切都必须遵循固定线路而没有激情的行程。”[③]“预设”对语文课堂教学来说是相对“静态”的。其操作定义应是精心而不精细、预设更应预计,并为课堂生成留足空白、腾出空间。[④] 唯此,语文课堂才能精彩预约。那么,怎样的“预设”才算是精心的“预设”呢?

(一) 预设文本的挖掘点

语文教学始终不能脱离文本,教者在预设时,应紧紧握住“文本”的缰绳,课前备课应挖掘文本,结合学生实际,预设文本的挖掘点,层层深入挖掘文本。

董旭午老师教授《我心归去》一文时,紧紧扣住文本,并由此层层深入,主要预设了这样几个问题:

1. 这篇文章写了什么内容?

2. 文章中最打动你的是什么,哪怕一句话或一个字?为什么?

---

① 雅斯贝尔斯著、邹进译:《什么是教育》,北京:生活·读书·新知三联书店,1991年。

② 顾明远:《教育大辞典》第五卷,上海:上海教育出版社,1990年。

③ 叶澜:《让课堂焕发出生命活力——论中小学教学改革的深化》,《教育研究》1997年第9期。

④ 陈杰:《语文教学:预设与生成的和谐统一》,《语文学习》2006年第2期。

3. 作者是怎样描绘身在异国时“难耐的冷清”这种感觉的？

4. 七、八、九三段的内容是什么？作用又是什么？[①]

（二）预设学生的思维点

语文教师只有进行艺术而有弹性、灵活的教学预设，在课堂上点燃学生思维的火花，促进学生的动态生成，才能让语文课堂焕发活力。

某教师教授苏教版初中语文（七上）《七颗钻石》时，整节课以“想象”为抓手贯穿全文，打通学生的思维，其教学设计如下：

1. 以《水调歌头》的“琼楼玉宇”导出想象，结合一幅自己的漫画像来体会想象，并引出课文《七颗钻石》。

2. 介绍作者，想象一下写童话的人应该长得什么样？

3. 进入文本，读出故事内容，读出小姑娘的爱心，读出文本层次。

4. 拓展延伸，回顾教材前后运用想象的文章《幼时记趣》和《天上的街市》。

5. 齐读全文，并想象托尔斯泰的坟墓该是怎样的？

6. 布置作业，读《蔚蓝的王国》，看看屠格涅夫做了哪些想象。

（三）预设课堂的高潮点

课堂的高潮常会在教学的“生成”过程中碰撞产生，但是如果教者在教学“预设”时，围绕“语文”角度精心设计教学中可能会出现的“高潮”，则也会收获“预约的精彩”。

某教师教授“运用正侧面相结合的手法来表现人物”的写作课时，自己当场走出教室，几秒钟后，该老师推开门慢慢走了进来，一个转身“亮相”，站在讲台中间，义务为同学们做起了模特，

① 董旭午：《真教语文　教真语文：董旭午生活化语文教读课例精选精评》，西安：陕西师范大学出版社，2013 年。

引发课堂高潮，也激发了学生的写作兴趣。①

二、生成：“动”中取“深”，能“入”也能“出”

语文课堂教学的“生成”是“动态”的。“生成”强调的是教师、学生、文本三者之间的互动，即学生在原有认识的基础上，通过与教师、文本的对话交往，实现意义的获得及自我主体的建构。② 那么，语文课堂需要怎样的“生成”呢？

（一）向教材文本“深”处生成

语文课堂的“生成”应向教材和文本“深”处倾斜。教者在实施教学的过程中，可借助教材与编者、作者对话，还可与文本展开深层次对话，在师生交流对话的过程中，深化学生对教材、文本的认识。

某教师教授苏教版必修五元曲《长亭送别》，当学生对张生与崔莺莺之间表达情感的方式为何如此含蓄不解时，教者顺势借助了本专题“执子之手”板块下的《罗密欧与朱丽叶（节选）》一文，提出这样一个问题：如果是罗密欧与朱丽叶，他们之间会如何表达情感？最终让学生明白原来是中西方文化间的差异使然，同时也让学生明白了编者将两篇文本放在一个板块下的意图。

（二）向学生思维“深”处生成

语文课堂的“生成”更应向学生思维“深”处倾斜。只有激活学生思维，培养学生的语文能力，语文课堂教学才能走向高效。

某特级教师教授《南州六月荔枝丹》时，充分利用范文引路，

① 王家伦：《论语文教学中的起承转合》，人大复印资料《中学语文教与学》2009 年第 7 期。

② 王尚文：《“生成”与“入侵”》，《教学月刊（小学版）》2004 年第 9 期。

整个教学过程把“读”和“写”紧密结合起来，让学生理清《南州六月荔枝丹》的写作思路，谈《常熟特产——顶山栗》的写作构思，教师不失时机地进行归纳、引导，点穴拨窍，课堂生成步步逼近学生的思维深处，最终达到学习借鉴、为我所用的目的。[①]

（三）教者收放自如，能“入”也能“出”

语文教师要充分运用教学机智，课堂上既能“收”也能“放”，在该“生成”处“生成”，既能“深入”，也能及时“淡出”。

教学“生成”能“深入”，是说教学“生成”如果是向教材文本“深”处和学生思维“深”处倾斜，就有必要及时展开，充分“深入”。

教学“生成”能“淡出”，是说教学“生成”不能游离于知识、技能目标之外，不能游离于教学内容和教学任务之外，不能游离于学生发展之外，若此，则教学过程、教学方法的价值将丧失殆尽。[②]诸如“塞翁丢失的马是公马还是母马”等脱离文本的问题，或者是影响教学进程的错误内容，如果教师还和学生紧抓不放，津津乐道，这样的“生成”，就注定是课堂的败笔。

三、预设与生成：和谐统一，相得益彰

有人这样评价预设与生成之间的关系，二者犹如鸟之双翼、车之双轮，不可偏废。要在对学生的关注中寻找平衡点——不是“应对”，而是“投注”；在文本的研读与释放中寻找平衡点——既能“入”，也能“出”；在体验与对话中寻找平衡点——既须“尊重”，

---

① 彭尚炯：《好风可凭 本固枝荣——〈家乡特产——顶山栗〉写作教学追记》，《中学语文教学》2004 年第 12 期。

② 余文森：《论教学中的预设与生成》，《课程 · 教材 · 教法》2007 年第 5 期。

更应“疏导”。[①]

（一）案例分析

以笔者教授《不自由，毋宁死》一文为例，主要过程如下：

环节一：快速阅读课文，用文中的词句填空，归纳段意，从而理清文章思路。

环节二：朗读自己选择的精彩语段，用精炼的语言进行评析。

(1) 所选择的语段写的是什么内容？

(2) 作者运用了怎样的手法来写作？

(3) 作者为何会运用这样的手法，有何效果？

环节三：精选最感兴趣的段落或者语句，进行自由演讲。组内评选，然后全班交流。

【生成 1】各小组推荐“演讲家”上台表演，演讲者表情丰富、肢体语言丰富、演讲富有激情，同学们热情很高。也有个别小组同学紧张忘词，教者和学生及时给予鼓励。

【生成 2】当一位学生上台进行了精彩的演讲后，台下一位学生自觉在课堂上喊起了口号“不自由，毋宁死”，顿时学生们群情激昂，跟着喊起口号。其余小组的同学，也纷纷自告奋勇，主动参与课堂。

【生成 3】还有 10 分钟左右课堂结束，教者见同学们兴致高昂，立即调整，暂停原计划中写一段演讲辞的训练，留作课后作业。教者临时增添“我是超级演说家”环节，学生们等不及推荐，就争先恐后地自由演讲文章第 4、5 自然段，将本节课推向高潮。

【按】此案例中，教者课前进行了“预设”，在实际教授该课的

---

① 吴兰：《让“灵动的音符”跳进语文课堂——浅谈语文课堂的预设与生成》，《学生之友(小学版)》2010 年第 4 期。

过程中,环节二关注学生的“个性化”感悟,课堂“生成”指向演讲稿的语言特色,通过教师引导,让学生获得预计性发展。环节三为课堂事先“预设”,也能顺势“生成”。主要通过学生小组活动体验与展示,激发课堂“生成”不断。课堂上究竟会出现怎样的“生成”,教者无法事先预料,因为在课堂上,学生的学习活动是动态的,随时发展变化的。当课堂出现精彩“生成”之处,教者顺势进行引导,以提高学生的演说能力。整堂课中,学生的活动和表现“精彩”纷呈,师生全都沉浸其中,令人难忘。

预设和生成之间不是对立的关系,而应和谐统一,相得益彰。预设是为了更好的生成,只有精心预设,课堂生成才能精彩纷呈。在实施预设时,也只有不拘泥于预设,并能充分运用教学机智,生成才会更加精彩。

第六章 “平民化”视野下关于练习设计与选修课的思考

语文教学是一个完整的闭环，主体内容的讲解固然十分重要，而练习的设计也不能忽视，成功的练习设计与主体教学内容互融互补，指向目标的达成。选修课则是主体内容的延伸与拓展，同样是教学的重要环节。

第一节 “苏教版”语文实验教材练习设计浅析

江苏教育出版社的《初中语文实验教材》(简称“苏教版”)是洪宗礼主编的一套义务教育阶段(7—9 年级即初中段)语文实验教材。该套新教材的练习设计可以分为两大部分：一是课后练习，一是单元练习。下面分而述之。

一、课后练习

“苏教版”新教材课文后面的练习以“探究・练习”的形式出现，“探究・练习”内部融合听、说、读、写于一体，外部则与社会生活、平行学科相沟通，以达到教科书操作系统的优化。

每课的“探究・练习”一般设计 3 至 4 个题目，从课文后练习设计的题型上来看，大致有整体感知题、揣摩品位・语言运用题、多解创意题、记忆积累题、比较阅读题这几类。

整体感知题，注重让学生发表自己的独特感受和创意性见解。揣摩品位·语言运用题从多角度克服肢解语文的弊端，将语言文学的理解和运用，置于知情义结合的语境之中，加强与生活的联系和平行学科的沟通。多解创意题是开放性的设计。多解，即不求答案的统一；创意，是说学生要有自己的独特见解；开放，是指内容的“根”在课本，又不限于课本，拓宽到课外生活和平行学科。

记忆积累题主要是熟读、背诵。教材中记忆积累题的设计主要有两种类型：一种是“精读”的诗文或片断，强调在理解的基础上熟读背诵；一种是“诵读欣赏”的诗文，仅要求“粗知大意”后的熟读成诵，不必求甚解。比较阅读题要求学生从比较中多角度、多方面发表不同见解，如“苏教版”新教材七年级（上册）《十三岁的际遇》《伟人细胞》两课写了两位少年，一个是立大志成大才的田晓菲，一个是伟人梦破灭只能做普通人的贾里。课文后设计了一道比较阅读题和一道喻理题，比较题要求对两个人物作比较评论，从比较中多角度多方面发表不同见解，从而理解成才之路殊途同归的素质教育思想。喻理题则让学生先阅读《石墨和金刚》这则材料，然后要求学生“联系课文，说说你从中发现了什么”。

“苏教版”新教材课后的“探究·练习”的共同特点是：

（一）选择性。“探究·练习”中加 * 的题供选做，考虑满足不同地区、不同学校、不同学生的需求，师生之间可以根据自己的情况做出灵活处理，这种安排机动灵活，有较大的选择空间和弹性，为学生自主阅读创造了良好条件，有利于发展学生的个性和提高独立学习的能力。

（二）丰富性。“探究·练习”中的内容丰富多彩，注重联系生活，沟通学科。有复述、续写、创作故事；有开展诗歌朗诵会，举办歌咏会、交流会、讨论会；有进行艺术创作、表演课本剧的尝试；有模拟讲解员、播音员的实践体会；有试写明信片、创作图文并茂的插图和解说词的文字策划；有制作一期壁报的编辑操练；有搜集格言、警句、成语，及创作诗歌的文学之旅；等等。这些内容充分拓展了语文学习和运用的领域，使学生在开放而具有活力的语文课程学习中获得语文实践能力。

（三）层次性。“苏教版”新教材课后练习注重层次性，一般从对文本的整体感知入手，再深入到文本内部的语言品位揣摩，最后是以文本为立足点向外辐射拓展，注重语文素养的积累和运用。课后练习的层次性，既有对课文全局的把握，又有对课文细部的关注；既立足于对语文本身的思考研究，又有以课文为基础向课外的延伸；既抓住了课文的根本，同时又能够给师生留下自我发挥的空间。

二、单元练习

“苏教版”新教材的语文综合实践系统，是多维多角度的全方位开放系统，它不仅从内部把阅读、写作、口语交际、实践活动融合在一起，而且与社会生活、平行学科紧密联系、互相沟通，形成了一个时空开阔的跨学科语文综合实践系统。“苏教版”新教材的单元练习有以下几种形式：

（一）“写作、口语交际”旨在把学生引入丰富多彩的生活情境、语言情境和想象情境中，让学生在特定的情境中产生表达欲，写出真情实感的文章，自然地进行口语交际，以达到培养学生独立的写作意识、使其学会人际沟通和社会交往的目的。

（二）“综合实践活动”通过某一主题活动，将听、说、读、写综合在一起。有开展“我爱文学”的课外语文活动；有“走进图书馆”查找资料、检索阅读，学会整理和利用文献资料的活动；有模拟科技新闻发布会；有保护野生动物的活动；有网上读写交流活动；有开展赛诗会，开展爱国主义教育活动和集体视听活动；有主办校刊，进行市场新商品调查，以及社会热点问题研讨会等活动。这些语文综合实践活动生动活泼，饶有趣味，集实践性、知识性、趣味性于一体。

（三）“名著推荐与阅读”把整本书的阅读引入课堂，打破了历来课堂上只能读单篇文章的惯例，让学生课内外结合独立阅读整本书。不仅可以让学生扩大学习资源，增加语文积累，更可以初步培养学生阅读整本书的能力。从推荐阅读的名著来看，《汤姆·索亚历险记》《西游记》《水浒传》《格列佛游记》《朝花夕拾》等均为贯穿古今中外的优秀名著，符合初中生年龄阶段的阅读心理和需求。另外，每部推荐的名著阅读中都配有相关问题，附录相关资料，同时安排了写作活动。

（四）“问题与讨论专题”比较集中地体现了研究性学习、跨领域学习的课程目标。六册教科书在认识自然、认识社会、认识文化、认识自我这几个方面，选择了“狼”“荷”“长城”“汉字”“鸟”“叶”“气象物候”“广告多棱镜”“系统思想与统筹方法”“我心中的语文”这十个专题，这些专题选择了值得关注的问题和感兴趣的话题进行专题学习和探究。

第二节 让选修课散发独有魅力
——以苏教版《〈史记〉选读》为例

苏教版《〈史记〉选读》作为高中语文选修教材的一个重要板块，是选修课中一门重要的课程。通过学习，学生可充分感悟古代文化精品的思想和艺术魅力，体会中国文化的博大精深，提高自己的文化品位，养成兼收并蓄、独立思考、大胆质疑、善于探究的良好学习习惯和思维习惯。

如何进行《〈史记〉选读》的教学无疑是教学实践中困扰大家已久的问题，在“应试”大山的压迫和遮蔽下，文言文教学，特别是《〈史记〉选读》这样对学生来说枯燥乏味的“长篇巨作”，不仅使文言文的学习成为苦役，也使语文课枯燥而令人生厌，只要以应试教育为主导的严酷现状依旧，选修课大抵也只能沦为某种附庸或点缀。本文尝试以苏教版《〈史记〉选读》为例，探析实际操作中一些粗浅的做法。

一、大胆取舍文本，精心合理剪裁

《〈史记〉选读》共有八个专题，分别为“唯倜傥非常之人称焉——司马迁其人其事”“学究天人体贯古今——《史记》的体例”“不虚美不隐恶——《史记》的史家传统”“读其书想见其为人——《史记》的理想人格”“摹形传神千载如生——《史记》的人物刻画艺术”“善叙事理其文疏荡——《史记》的叙事艺术”“正史鼻祖文章大宗——《史记》的影响”“研究《史记》”，前六个分别从作者、体例、史家传统、理想人格、人物刻画艺术、叙事艺术等方面选择文本，后两个专题则谈影响和研究，显然专题三至六是重点。

教师要做到心中有全书，每一个专题、每一个篇目都能做到如数家珍。熟知了全书，就可根据学生实际和教学时间的安排，精选一些篇目来教学。既然是选修教材，那么必然可精“选”。

选择这些篇目的原则是：一要让学生掌握文中重要的文言实词、虚词及句式，并能翻译浅易的句子；二要让学生了解司马迁的远大志向、坎坷经历和“不虚美，不隐恶”的坚持真理、秉笔直书的良史精神；三要让学生体会文中人物的优秀品格和高尚灵魂，体会太史公司马迁的人本主义精神。

因此，我们在实际教学中未囿于教材编排体系，而是据实际需要，大胆取舍，合理裁减，选择适合本校学生特点的教学内容和教学顺序。先是春秋战国风云人物系列，包括《孔子世家》《管仲列传》《魏公子列传》《屈原列传》等六篇文章；后是汉代风云人物系列，包括《高祖本纪》《项羽本纪》《淮阴侯列传》等四篇文章；最后才是司马迁及其《史记》。这样由易及难，牢牢抓住学生的学习兴趣，使他们在一开始就能亲近《史记》，而非对其敬而远之。

二、立足文言教学，激发学习热情

在《〈史记〉选读》选修课的教学中，如果只在文本外环绕而不进入文本，只分析人物的情感精神而不抓字词句，肯定是失败的。换句话说，语文选修课程张扬“人文性”不能以牺牲知识教学为代价，必须兼顾其“工具性”。如果不把握知识教育这一点，将《史记》讲成“百家讲坛”，将课上成“思想政治课”“人生哲学课”，就很可能使《〈史记〉选读》选修课失掉基础教育的基本特征，最终走入误区。

新课标指出:“选修课特别需要注意寻求与课程内容相适应的教学方法。”“文本研习”“问题探讨”“活动体验”这三种基本呈现方式中“探讨”是核心,“研习”是基础,彼此交叉又互相交融。文本研习的核心并不在于“讲”,而在于“读”。“读”本身可以加强理解,出声的“读”,还可以培养文言文阅读的语感,提高文言断句的能力。

高考文科语文卷必考文言断句,从提高应试能力的角度也应指导学生多朗读,而不应默读。文本研习重在以文本为依托,通过引导学生感受形象,品味语言,领悟作品内涵,培养学生的阅读能力,从而让学生学会阅读的方法,养成阅读的良好习惯。选文均有相当的篇幅,如果教师一味串讲,一费课时,二显枯燥,这样的教学只会让老师叫苦连天,使学生终无所获。

《史记》的语言历来被奉为“古文”的最高成就,语言朴素简练、通俗流畅,既舒缓从容、庄谐有致,又富于变化。因此阅读《史记》,无论是精读还是略读,无论是讲读还是自读,都要重视诵读,在诵读中感受、品味、揣摩、理解。

《〈史记〉选读》的教学方式可根据文本情况选择不同的教法。如对《太史公自序》等语言佶屈聱牙、艰涩难懂的文章可采用讲授式,对后人争议颇多史家研究较多的篇目如《项羽本纪》《淮阴侯列传》等可采用探究式,也可以通过座谈、辩论会等形式来拓宽学生的文化视野,另外适当的音像资料补充也很有必要。

问题探讨教学可抓住教材中的“阅读与探讨”开展课堂讨论,如讲授《魏公子列传》可以组织学生探讨“侯生为何北乡自刭”,由此引导学生了解古人的义节操守。也可以结合教材后的“参考选题”,组织学生写作研究性小论文,如学完《高祖本纪》和《项羽本纪》后可让学生围绕“性格影响命运”进行写作,有助于引导学生追求人格的完善。活动体验可以进行观赏电影、组织辩论赛、改编剧本等活动。

三、重视人文精神，培养探究意识

人文精神是一种普遍的人类自我关怀，表现为对人的尊严、价值、命运的维护、追求和关切，对人类遗留下来的各种精神文化现象的高度珍视，对一种全面发展的理想人格的肯定和塑造。

《〈史记〉选读》中所选的诸多传主更是充满人格魅力，我们要教会学生体会其中的人文精神，汲取人生智慧，培养正确的历史观、“不虚美，不隐恶”的精神以及自尊自强的人生态度。

《〈史记〉选读》的人物精神会带给学生巨大的审美冲击。奋起草莽而王天下的起义者，看似怯懦而胸怀大志的英雄，不居权位而声震人主的侠士，胆识过人、无所不胜的统帅，血溅五步的刺客，运筹帷幄、智谋百出的文弱书生……这些非凡的人物，构成了《史记》最精彩、最重要的部分。他们生命个体的存在形态，人生的理想和追求，生命的磨难和张力，生命的坚韧和价值实现等等，这些人文精神层面的丰富内质，可以说是《史记》进入高中语文选修课程的重要原因。

凡此种种，在给予我们历史事实的同时，又给了我们丰富的人生体验。教师带领学生探讨《〈史记〉选读》的人文价值，让学生充分感受这部文史巨著闪烁着的人文精神光彩。学生可通过对文本所呈现的人生智慧和人生价值的反思提升自己的人文素养。

选修课不同于必修课的重要一点是它突出学生个性的发展，通过合作探究，陶冶学生的情操，培养学生的情趣，提高学生的认知品位，鼓励学生大胆质疑。就探究而言，选修课的探究方向是多种多样的，有文本理解的探究、艺术风格的探究、作品比较的探究、作家比较的探究、流派比较的探究、不同评论的探究和考证考据的探究等。

就《史记》而言，可以从作者思想、文本内涵、情趣、艺术风格、语言特色等方面探究，可以进行体现新课程标准“知识和能力”“过程和方法”“情感态度和价值观”的探究，如《高祖本纪》有《鸿门宴》中的情节，它在艺术处理上和《项羽本纪》有什么不同？项羽为什么不杀刘邦？范增这个谋士究竟是怎样的一个人？刘邦在与项羽的交战中，从来就是败多胜少，为什么他最终会赢？这些都可以深入探究。

高中语文选修课是在必修课程基础上的拓展与提高，要积极倡导自主、合作、探究的学习方式，给学生足够的活动空间，这样才有利于调动学生学习的积极性，培养学生浓厚的学习兴趣和强烈的求知欲。

第七章　“平民化”语文教学理念下的古典文学课例设计

在“平民化”视野下，教育者只有切实从学生的实际出发、从教材实际出发、从自身素质出发，立足现实，细研教材与学情，精心设计教学目标、教学过程与教学方法，才会收获沉甸甸的硕果。

第一节　《蝶恋花》教学设计

教材：《唐诗宋词选读》

适用对象：高二年级

【教学背景】

古典诗词在教材中所占的比重大，在高中语文教学中具有重要的地位，各个版本的高中语文教材都安排了不少中国古代诗词。作为选修教材的苏教版《唐诗宋词选读》各专题的诗词有助于学生充实语文知识，加深对古诗词的理解，提高文学素养，丰富文化底蕴。

【教学目标】

1. 体会晏殊《蝶恋花》所蕴涵的感情；

2. 分析作者表达情感的手法；

3. 能够对古典诗词中的意象进行探究性的积累。

【教学重难点】分析作者表达情感的手法

【课时安排】

1 课时

【教学过程】

一、课堂导入

王国维《人间词话》中的三种境界：

第一种境界：昨夜西风凋碧树，独上高楼，望尽天涯路。（晏殊《蝶恋花》）

第二种境界：衣带渐宽终不悔，为伊消得人憔悴。（柳永《蝶恋花》）

第三种境界：众里寻他千百度，蓦然回首，那人却在灯火阑珊处。（辛弃疾《青玉案·元夕》）

二、词牌来历

《蝶恋花》：本名《鹊踏枝》，唐教坊曲名，后用为词牌，又被改名为《蝶恋花》。另名《凤栖梧》《一箩金》《黄金缕》《卷珠帘》等。双调，六十字，仄韵。

三、作者简介

晏殊（991—1055），字同叔，临川（今属江西）人。七岁能文，十四岁以神童召试，赐同进士出身。宋仁宗时官至同平章事兼枢密使，范仲淹、韩琦、欧阳修等名臣皆出其门下。卒谥元献。他一生富贵优游，其词擅长小令，多表现诗酒生活和悠闲情致，语言婉丽，颇受南唐冯延巳的影响。笔调娴雅，理致深蕴，音律谐适，词语雅丽，为当时词坛耆宿。有《珠玉词》。

四、文本研习

（一）全班集体配乐吟诵诗词，品味感情。

思考：作者借这首词主要表达了什么感情？（用文中词语解答）

明确：提示抓关键词“离别苦”，写与友人（恋人）远别之苦。

（二）赏析上阕

1. 女生齐读词的上阕，赏析词的上阕。

2. 词的上阕，作者描写了哪些意象（意象是赋予了作者情感的景物）？这些意象有什么特点，作者用哪些词语来修饰的？

明确：菊愁　　　　兰泣

燕子双飞　　月明到晓

3. 在沉浸于相思之苦的作者眼里，外在景物有的和自己同病相怜，有的却冷漠无情，我们来品味词的上阕所写的景物，体会作者用了什么艺术手法。

明确：菊愁兰泣　和词人一样痛苦　以悲景写悲情　烘托

燕子双飞　月明到晓　不能体会词人的愁绪　以乐景写悲愁　反衬

（三）赏析下阕

1. 男生齐读词的下阕，赏析词的下阕。

2. 在词的下阕中，主人公用哪两种方法来排遣离愁别恨？有效果吗？

明确：“独上高楼”　“望尽天涯路”看不见

“寄彩笺”　　“知何处”寄无所踪　“满目山河空念远”

3. “昨夜西风凋碧树，独上高楼，望尽天涯路”一句，反复被人们吟唱，有人说它提升了整首词的格调，请你试着谈谈它的绝妙之处。

明确：碧树因一夜西风而尽凋，足见西风之肃杀，“凋”字正传达出这一自然界的变化给予主人公的强烈感受。故“凋”字既写出了景，又道出了情。

“独上”对应了上片中的“双飞”和“离别”，而“望尽天涯路”正从一夜无眠生出，与“昨夜西风凋碧树”“独上高楼”一起把主人公孤独、迷茫、不见所思的空虚怅惘刻画得淋漓尽致。

（四）探究：这首词上、下阕在意境、风格上有何区别？

明确：上阕——取境较狭，格调柔婉。

下阕——境界开阔，格调悲壮。

四、拓展延伸

在古典诗歌里，由于历史文化积淀，某客观事物便具有了一定约定俗成的意义，成为特殊意象。诗人借助特殊意象可迅速引起读者共鸣，达到造境之目的。在这首词里作者选取了古典诗词中常见的意象，这些意象还出现在哪些诗词中，请同学们快速联想，并简要分析。

五、欣赏品味

1. 齐读本词，上阕低沉婉转，下阕开阔畅达，试用声音充分体现。

2. 你对赏析诗歌有什么心得。

六、课堂所得

课堂提倡一课一得，对照本节课的教学目标，看看今天你得到了什么？

1. 体会晏殊《蝶恋花》所蕴涵的感情。

2. 分析作者表达情感的手法。

3. 能够对古典诗词中的意象进行探究性的积累。

七、布置作业

1. 积累词中有关意象的句子，最好能探究一下其中所蕴涵的感情。

2. 积累几首词牌为《蝶恋花》的词。

【教学总结】

教授晏殊《蝶恋花》一词时，无论是教学设想、教学思路还是教学步骤等方面都应结合文本的特点，为学生搭建自主、合作、探究的平台。

在歌咏吟诵中，学生不但读出了诗词的音韵之美，也获得了情感的体验和心灵的共鸣。同时学生能发挥个性的独到见解，疑义相析，对文本进行了多元的解读。

总之，回味本节课的教学，能够深深地体会到：在吟诵中可以体味音韵之美，在歌吟中可以唱出意境之味，在品赏中可以感受精妙之处，在探究中可以感悟审美之娱。

第二节 《兰亭集序》教学设计

一、导入课文

1. 欣赏书法作品《兰亭序帖卷》。

首先请同学们欣赏王羲之的书法作品《兰亭序帖卷》，他的书法被后人评价为“飘若游云，矫若惊龙”，素有“天下第一行书”之称。据说这幅作品的真迹，被唐太宗李世民骗得后，最终葬在昭陵之中。

2.《兰亭集序》又是如何产生的呢？

永和九年(公元353年)，王羲之与许询等41人，宴集于会稽山阴之兰亭，行修禊之事。他们在水边宴饮，于水上放置酒杯，列坐水滨，依次取饮，称之为流觞曲水。兰亭会上，名士们谈玄啸咏，饮酒赋诗。王羲之除写了五首《兰亭诗》以外，还为汇集众诗而成的《兰亭集》写了序文，这就是《兰亭集序》。

二、学习目标

如果我们将中国古典文学比作一条晶莹碧澈、激荡多姿的曲水，那么《兰亭集序》便是那只顺水而下的载酒羽觞，于一觞一咏之间醉倒了宇宙时空。

这节课,我们就跟随王羲之走近那曲水之滨,走进《兰亭集序》带给我们有关生命的思考的世界。本节课的学习目标主要有两个:1. 通过文言字词积累,重点掌握文言知识,准确理解文意。2. 通过反复诵读,梳文理脉,体会作者蕴涵的情感,理解作者对人生的深层慨叹。

三、初读文本:读准字音,读清句读

1. 癸(guǐ)丑　会稽(kuài)　修禊(xì)
激湍(tuān)　流觞(shāng)　骋(chěng)怀
形骸(hái)　嗟悼(jiē dào)　虚诞(dàn)　彭殇(shāng)

2. 教师范读

四、自由诵读:落实字词,疏通文意

1. 文言预习检测

2. 文言重点探究:修、所以、盛、俯仰【板书:俯仰】

3. 文言难点探析

五、再读文本:理清思路,读出感情

1. 勾画出每段中最能体现出作者情感的语句。

(1) 所以/游目骋怀,足以/极视听之娱,信可/乐也。

(2) 古人云:"死生/亦大矣。"岂不痛哉!

(3) 后之视今,亦犹今之视昔。悲夫!

【板书:乐　痛　悲】

2. 兰亭集会为何确是人生一大乐事呢? 那么作者又是从哪几个方面写"乐"的呢? 请女生齐读第一段,让她们带我们走进流觞曲水的意境。

良辰、美景、赏心、乐事

【板书:雅集之乐】

3. 人们常说好花不常开，好景不常在，天下无不散的宴席，觥筹交错之后，留下的是心情的杯盘狼藉，那么作者是否也有这样的感触呢？我们请男生齐读第二段，然后思考：兰亭集会本是令人高兴的事，那么作者又因何而痛，痛由何生？

引导问题：(1) 作者由兰亭宴集首先想到了什么？【人与人之间的交往】

(2) 作者提到了哪两种人？他们有何具体表现？【静躁不同的两种人】

(3) 虽然他们的取舍、爱好不同，性格上宁静、躁动也不同，但是，人生的境遇也许会是殊途同归的。

(4) 为何会引发作者“死生亦大，岂不痛哉”的感慨？

向之所欣，俯仰之间，已为陈迹。况修短随化，终期于尽。

【板书：死生之痛】

补充：包含着对时光飘忽和人生短暂表示伤悼的生命情调的诗句，在魏晋作品中比比皆是。

4. 既然时光易逝，死生作为人生的大事，这样一个问题毕竟不只是王羲之一人所面对的，古往今来，对于所有人来说都是一样的。请全班同学齐读第三段，思考：作者笔下都有哪些人在悲叹“生与死”这样千古同悲的主题？

引导问题：

(1) 王羲之对生与死这样的问题是怎么认识的？

固知一死生为虚诞，齐彭殇为妄作。

(2) 王羲之为何发出这样的感慨？

补充魏晋的政治背景，让学生了解“一死生，齐彭殇”。两晋政治恐怖，统治集团内部互相倾轧，残杀现象时有发生。“天下名士，少有全者。”士大夫不满，普遍崇尚老庄，追求清静无为、自由放任的生活。他们思想消极，行动无为，就像浮萍之于海水，随波荡漾，飘到哪里就是哪里。当然，死了就死了，无所谓，因为死就是生，生就是死，“一死生”“齐彭殇”。

（3）小结：作者适时地批判了东晋社会“一死生、齐彭殇”的思想，敏锐地体悟到生和死的本质不同，超越了对人生无常之痛的理性思考，让我们从感伤的背后，发现了作者对短暂生命的珍惜，对人生、自然的热爱执著。

【板书：千古之悲】

5. 总结全文

作者通过一次兰亭的盛宴，在天地宇宙中俯仰自然，畅叙雅集之乐；在人生时光里俯仰生死，引发死生之痛；在历史长河中俯仰古今，悲悼千古之悲。让我们在集体诵读中结束本节课的学习。

【板书：天地、人生、古今】

课堂最终板书：

	天地	雅集之乐
俯		
	人生	死生之痛
仰		
	古今	千古之悲

六、集体诵读：饱含情感，读出哲思

第三节 《蜀道难》简案

一、课堂导入

中国历史上有一位诗人，他一生壮游天下，特立独行。他生性浪漫，诗风豪放飘逸。他有“诗仙”之誉，号青莲居士，字太白，他就是诗人——李白。

据说，李白初至长安，贺知章前往探望，见《蜀道难》，赞叹不已，称李白为“谪仙”。

这节课，让我们跟随诗仙的脚步，一起领略《蜀道难》带给我们的独特魅力！

二、教学目标

1. 反复诵读，梳理本诗的结构线索，把握全诗的内容和情感。

2. 赏析诗歌，分析艺术手法和特色，体会李白豪迈飘逸浪漫的诗风。

三、预习检测

1. 字词注音

(1) 噫吁嚱，危乎\高哉！

(2) 上有\六龙回日之高标，下有\冲波逆折之回川。

(3) 其险也\如此，嗟尔远道之人\胡为乎来哉！

(4) 朝避\猛虎，夕避\长蛇；磨牙\吮血，杀人\如麻。

2. 划分节奏

这是一首乐府古诗，句式以七言为主，杂以其他长短句，参差错落，如行云流水，一气贯注。

四、初读诗歌，梳理线索

声音的高低、语速的快慢、停顿的长短、字音的轻重

1. 划出全诗中一唱三叹的抒情句

噫吁嚱,危乎高哉! 蜀道之难,难于上青天!

(一叹蜀道之高:蜀道之难行)

蜀道之难,难于上青天,使人听此凋朱颜!

(二叹蜀道之险:蜀地不可去)

蜀道之难,难于上青天,侧身西望长咨嗟!

(三叹环境之凶:蜀地不可居)

2. 全文“蜀道难,难于上青天”的咏叹反复出现(共三处),形成了以此为主旨句,贯穿始终,内容层层深入的格局。

五、精读诗歌,赏析奇景

请同学们结合具体诗句,分析诗歌运用了哪些艺术手法表现蜀道的雄奇险峻,使之“奇之又奇”?

第一组:蜀道之难行 第二组:蜀地不可去 第三组:蜀地不可居

(怎样的手法、描绘的画面、作用及效果)

归纳小结:

神话传说:五丁开山、六龙回日——写出历史上蜀道不可逾越之险阻。

虚写映衬:黄鹤不得飞渡、猿猱愁于攀缘——映衬人行走难上加难。

摹写神情、动作:手扪星辰、呼吸紧张、抚胸长叹、步履艰难、神情惶悚——困危之状如在眼前。

借景抒情:古木荒凉、鸟声悲凄(悲鸟号古木,子规啼夜月)——使人闻声失色,渲染了旅愁和蜀道上空寂苍凉的环境氛围,有力地烘托了蜀道之难。

运用夸张:“连峰去天不盈尺”“枯松倒挂倚绝壁”——极言山峰之高,绝壁之险,渲染了惊险的气氛。

六、再读诗歌，品味真意

1. 探讨主旨：有人认为本诗“自为蜀咏，别无寓意”，也有人认为“其中有深意”，请结合对李白的了解，探讨本诗主旨。

2. 浪漫诗风探讨（资料链接）

探讨：本诗如何体现浪漫主义诗风？

3. 视听盛宴

第四节　《长亭送别》教学设计

一、课堂导入

1. 弘一大师李叔同的《送别》：“长亭外，古道边，芳草碧连天，晚风拂柳笛声残，夕阳山外山。”

2. 古往今来，抒写离愁别绪的作品很多，这节课，我们就一起走进堪称元曲“压卷之作”的《西厢记》中最精彩的一折——《长亭送别》。

二、了解剧情

通过课前预习，我们知道《长亭送别》男女主人公分别是张生和崔莺莺，一对恋人刚刚被承认，为何又要匆匆分开呢？这不得不从《西厢记》的剧情说起。

这出戏为《西厢记》的第四本第三折，首先我们有必要对《西厢记》和它的剧情做一个了解。

唐贞元间书生张珙，在普救寺邂逅已故崔相国之女莺莺，发生爱情。时河桥守将孙飞虎兵围普救寺，强索莺莺为妻，崔夫人当众许愿：有退得贼兵者以莺莺许之。张珙驰函好友白马将军杜确发兵解围。然崔夫人嫌张贫寒而赖婚，张珙相思成疾，莺莺在侍婢红娘撮合下，夜奔西厢探慰张珙，事为崔夫人发觉，拷问红娘，红娘据实以告。夫人不得已而将莺莺许配张珙，但又借口不招白衣女婿，迫张上京赶考，莺莺与张珙满怀离愁而别……

我们通过几幅精美的画卷，再来感受一下……《长亭送别》的故事也就由此而展开。

【佛殿相逢——月夜听琴——红娘传书——莺莺复书——催张成婚】

三、品味曲词

清代著名作家、学者姚鼐在《复鲁絜非书》中论述阴柔之美的文字可以用来形象地概括《长亭送别》的语言艺术："如升初日，如清风，如云，如霞，如烟，如幽林曲涧，如沦，如漾，如珠玉之辉。"

《长亭送别》堪称离愁别恨之绝唱，这节课，我们就主要通过反复的诵读来鉴赏《长亭送别》的曲词之美。

1. 全体起立，自由诵读，画出你喜欢的曲子。

2. 同桌互读，简要谈谈喜欢的理由；推荐诵读最好的男生、女生。

3. 女生：集体诵读“端正好”“滚绣球”“一煞”“收尾”四支曲子。

男生：集体诵读“叨叨令”“朝天子”“耍孩儿”“四煞”。

4. 王实甫善于以古典诗词酝酿气氛，锻炼字句，创造出诗一般的动人意境，形成十分优雅的风格，他营造的曲词世界真可谓凄艳动人，耐人寻味。

那么《长亭送别》中的哪支曲子最能够打动你的心弦？这支曲子是如何细腻深刻地表现崔莺莺的离愁的？尝试运用评点法来分析。

学生：运用评点法，然后朗读交流。

（方法提示：可以就曲子所写的内容、表达的感情以及表现手法进行点评。)

5. 老师小结明确:

明人朱权说:“王实甫之词如花间美人,铺叙委婉,深得骚人之趣。”《西厢记》的文辞整体上善于汲取古典诗词中的精华,有很重的诗化倾向,同时引入口语,融入民间语言,可算雅俗共赏。

端正好:因景生情衬忧伤

滚绣球:融情入景,夸张诙谐叙不舍

叨叨令:排比叠词叹离别

朝天子:比喻夸张说志趣

耍孩儿:用典比喻言不舍

五煞:叮咛语表体贴

二煞:化用古词写担忧

一煞:借景抒情写痴望

收尾:化虚为实写痛苦

6. 体悟感情

通过研读,不难发现女主人公崔莺莺的情感并不是一成不变的,而是跌宕起伏的,莺莺的感情经历了怎样的起伏变化,她的离愁别恨中又包含着几番滋味?

7. 故事结局:《西厢记》这部戏曲的故事结局又是如何的呢?

莺莺空守西厢,和红娘一道耐心苦等。张生终于中了状元,衣锦荣归,和莺莺团圆。

四、课堂总结

有人说:“《长亭送别》是一首真挚的抒情诗,是一幅淡雅的水墨画,是一支撩人心弦的离歌,它给人以深沉的美感享受。”

板书:意境之美、曲词之美、情感之美

《长亭送别》展现了凄切动人的真情之美,铺叙委婉的曲词之美，情景交融的意境之美，不愧是离愁别恨的绝唱，将永远散发着迷人的艺术魅力。

五、布置作业

背诵《长亭送别》中“端正好”“滚绣球”“一煞”“收尾”四支曲子；选择其中一首，保留其意境，把它改写成现代诗歌。

第五节 《苏幕遮·怀旧》教学设计

一、课堂导入

今天，我们一起借助北宋名臣范仲淹的这首《苏幕遮·怀旧》，走进他的风景里，去体味那绵延不绝的相思愁绪。

二、学习目标

学习古典诗词，尤其要关注诗词中的景语和情语，正如王国维先生在《人间词话》中所云：“一切景语皆情语。”本节课的学习目标有两个，请同学们齐读：

1. 了解《苏幕遮·怀旧》上片所写的景物特点及其营造的意境。

2. 通过对比阅读，探讨词作抒发的情感以及与景语的关系。

三、整体感知

1. 首先请同学们自由诵读，读准字音、停顿。

2. 全班齐读。

3. 老师来范读这首词。

（1）同学们在听读的过程中，思考这样一个问题：词人在这首词中抒发了怎样的情感？能否从词作中圈点出相关的词语？

（2）词人为何会生发出这种羁旅怀乡之情呢？

【背景】词人当时出任陕西四路宣抚使，主持防御西夏的军事。在边关防务前线，将士们不禁思亲念乡。于是词人就借满目秋色之景，抒发了羁旅怀乡之情。

(3) 了解词意：这首词的下片主要是写的羁旅怀乡之情，那么词的上片就是写秋景的了。

四、品读上片

1. 到底是怎样的一番秋景呢？我们一起来品读词的上片，请女生齐读上片，注意读出景物的美感。

2. 读完之后，我们思考这样几个问题：词的上片写了哪些景物？这些景物在空间上是如何分布的？从色泽上是如何勾勒的？这些景物构成了一幅(　　)的秋色图？

色泽明艳、境界阔大、悠远凄迷

3. 唐圭璋先生在《唐宋词简释》中这样评价上片：“天连水，水连山，山连芳草；天带碧云，水带寒烟，山带斜阳。自上及下，自近及远，纯是一片空灵境界，即画亦难到。”

4. 如果非要入画，那该是怎样的一幅画卷呢？课前预习我们已请同学用散文化的语言描述这幅画面，现在请同学们继续润色，同桌之间交流。

碧云浮空，黄叶匝地，俯仰生姿。

秋色与秋波相连于天边，空翠而略带寒意的秋烟依偎着秋波。

薄暮时分，山映斜阳，天、地、山、水融为一体，交相辉映。

斜阳之外的芳草带着相思愁绪绵延千里。

碧云，黄叶，绿波，翠烟，斜阳，构成一幅色彩斑斓、意境开阔、悠远凄迷的画面。

5. 这些景物、这幅画面为何就能勾起词人的羁旅怀乡之情？

目触秋色，牵引一片相思；

芳草无情，黯生一份乡情。

我们可以想象，在满目秋色的季节，又在残阳映照的时刻，一个羁旅他乡无法实现革新雄图的词人，怎能不为怀乡而黯然销魂，又怎能不为羁旅而愁思不释呢？

五、品读下片

1. 下片中，词人就顺着景物所构成的意境，让心中汹涌的情潮尽情倾泻而出。

男生齐读下片，注意读出情感的浓郁。

2. 在词的下片中，词人又是如何抒发浓烈的羁旅怀乡之情的？

(1) 怎样的梦才能算是“好梦”？【思乡之梦，归乡之梦，团聚之梦】

(2) 为何在明月之夜不能独倚高楼？【更会触动思乡之情】

(3) 怎样才能排遣思乡之情呢？

词作的下片，词人通过倚楼之孤影、带酒之泪痕，刻画了一个思乡之旅人形象。

3. 全班齐读，读出景物，读出情感，读出形象。

六、对比阅读

1. 有人评价范仲淹的这首词是“以秋景写秋心”的绝唱，而同样是写塞外秋景，范仲淹的另外一首词作《渔家傲·秋思》却呈现出另外的一种美。

2. 自由读。

3. 全班齐读，找出情语和景语。

4. 探讨交流：对比阅读范仲淹的《苏幕遮·怀旧》与《渔家傲·秋思》，思考：这两首词在选取景物和表达情感上有何不同？为何会有这样的不同？

《苏幕遮》写景，句句秀丽，从天上碧色的轻云，写到地上黄色的落叶，境界阔大。碧云、黄叶、绿水、翠烟、红霞、青山，色彩绚烂，形象生动，表达了作者的羁旅怀乡之情。

《渔家傲》虽同样写景，然而苍凉。深秋之时，天气骤冷，群雁南飞，长烟直上，残阳映照，加之凄凉的边声和着悲壮的号角充满着整个空间，色彩凄暗，画面雄浑，表达了作者的思乡忧国之情。

5. 清人彭孙遹《金粟词话》[①]评范仲淹词曰：“《苏幕遮》一调，前段多入丽语，后段纯写柔情，遂成绝唱。”至于《渔家傲》，则“苍凉悲壮，慷慨生哀”。

七、课堂总结

古典诗词中，自然中的景物，一经人们的认识，就打上了深深的情感烙印。

化景物为情思。（宋 · 范晞文《对床夜语》）

景乃诗之媒，情乃诗之胚，合而为诗。（明 · 谢榛《四溟诗话》）

不能入景语，又何能情语邪？（清 · 王夫之《姜斋诗话》）

的确，景为情设，情因景生。所以我们在阅读古典诗词时要重点破解诗词的景语和情语，感受形象，这样才能体会到古典诗词流光溢彩的魅力。

---

① 彭孙遹：《彭孙遹集》，杭州：浙江古籍出版社，2016 年。

第八章 “平民化”语文教学理念下的现当代文学课例设计

第一节 《不自由，毋宁死》教学设计

教学案例

一、案例的教学对象(苏教版高一年级下学期教学使用)

二、教学过程

(一) 课堂导入

美国革命家、演说家帕特里克·亨利被誉为“指向英国殖民统治的匕首”，他的那句“不自由，毋宁死”的名言响彻千古，照耀历史。这节课，我们就一起走进世界演说中的名篇《不自由，毋宁死》。

(二) 学习目标

1. 通过筛选主要信息，理清文章思路，了解演讲稿的语言特色。

2. 通过演讲活动实践，体验演讲的说服力和感染力，提高演说能力。

(三) 初步感知

1. 这次演讲的场合是弗吉尼亚州议会，演讲的对象是州议员，那么帕特里克·亨利这次演讲的目的是什么?

【让人们丢掉幻想，准备战斗】

2. 这次演讲是在怎样的历史背景之下进行的？

【同学齐读背景】

（四）板块一：理清思路

1. 快速阅读课文，用文中的词句填空，归纳段意。

（1）阐述“我”为什么要发表演讲：对各位表示钦佩，在论及关系到享受自由还是蒙受奴役的重大问题时，不能缄口不语。

（2）论述人会沉湎于希望，不愿正视痛苦现实，这不是聪明人应持的态度。

——引导提问：思考亨利所说的聪明人到底应该持有怎样的态度，他个人而言准备如何应对？

（3）论述依据过去的经验，和平无望，实质是武力征服。“我们”不能沉迷于和平希望，唯一出路只有诉诸武力。

——引导提问：亨利所说有哪些经验可以判断未来？【历史、现实】

——引导提问：英国政府当前的战争部署究竟意味着什么？【武力征服】

——引导提问：亨利认为面对如此之形势，不能采取哪几种态度？

【辩论、请愿、抗议、哀求，沉迷于和平希望】

（4）阐明“我们”没有退路，但只要利用有利条件，“我们”就不弱小。战争不可避免，“我们”别无选择。

——引导提问：第四段论述的层次是什么？

【批驳妥协派的观点，指出强大并非指日可待，无所作为、苟安一时不能获得力量；分析“我们”的有利条件——地利、民众和正义；点明战争已经无法避免，“我们”已别无选择。】

——引导提问：齐读“先生们”到“况且”前，说一下“我们”的有利条件到底有哪些？

(5) 表达“不自由，毋宁死”的主张。

2. 亨利为什么不在演讲开始的时候就旗帜鲜明地阐述自己“不自由，毋宁死”的主张？

【对对方钦佩——不能沉湎于幻觉——正视历史与现实——战争不可避免，应战才有希望——不自由，毋宁死】

板书一：先破后立，逐层推进

想象一下亨利在演讲结束之后，当时的会场是怎样的情形？据史料记载，亨利的演讲结束后，会场群情激愤，“拿起武器！拿起武器！”的呼喊声响彻议会大厅。那么亨利的演讲为何会有如此震撼人心的力量呢？

(五) 板块二：品析语言

1. 朗读选择的精彩语段，用精炼的语言进行评析。

(1) 所选择的语段表达的是什么内容？

(2) 帕特里克·亨利运用了怎样的手法来表达？

(3) 帕特里克·亨利为何会运用这样的手法，有何效果？

2. 同学展示

3. 课堂小结

【投影】

比喻形象生动；
排比彰显气势；
反复突出中心；
呼告唤起注意；
反问设问加强语气；
整散交错气势酣畅

板书二：多种修辞，增强表达

好的演讲如同布谷报春，又似战鼓催征，它可以使迷惘者得以清醒，沉沦者为之振作，徘徊者更加坚定，观望者毅然奋起，先进者策马飞奔。

(六) 板块三：体验演讲

1. 活动一：视频体会

请同学们观看一个视频演讲片段，这是电影《建国大业》中闻一多先生扮演者吴刚先生演讲的片段。1945 年，民主人士李公朴惨遭国民党反动派杀害，在纪念大会上，闻一多先生做了著名的“最后一次演讲”。看完之后谈谈：好的演讲应该有何技巧？

如何讲：讲(主)、演(辅)

讲(主)：语气、语调、语速、重音、停顿……

演(辅)：手势、表情、视线、身姿……

2. 活动二：合作交流

小组合作讨论，选择最感兴趣的段落或者语句，根据自己初步掌握的演讲技巧，尝试演讲。

(1) 熟悉文本内容，演讲自己所选段落。

(2) 组内展示，组员切磋交流，如何使演讲更具感染力和说服力。

(3) 小组推荐优秀学生，尝试上台演讲。其他同学认真倾听。

3. 活动三：微演讲展示

(1) 同学点评

(2) 教师点评

4. 活动四：走进语言现场

(1) 此时此刻，想象你就是帕特里克·亨利，把教室当成演讲厅，面对妥协派，来一次狂风骤雨般的演讲吧！

(2) 全体起立，自由演讲第 4、5 段，让精彩的演讲开始吧！

（七）课堂总结

同学们，亨利的这篇演讲完成了 25 天之后，美国独立战争打响了第一枪，从某种意义上讲，帕特里克·亨利的这篇演讲对于美国独立战争有着非常重要的推动作用。

【结语】1799 年 6 月 6 日，帕特里克·亨利，这位名垂青史的“美国革命之舌”，走到了生命的尽头。他被葬在弗吉尼亚的红山，家族的墓地。可以说，美国之所以能有今天，正是因为它拥有帕特里克·亨利这样的英雄。

（八）课后作业

明天下午我校将举行高三年级“十八岁——勇担责任，放飞梦想”成人礼仪式，请写一段演讲辞，要运用排比、比喻、反问、呼告等手法，300 字左右。

板书设计：

走进语言现场	不自由，毋宁死 帕特里克·亨利	先破后立　逐层推进 多种修辞　增强表达

三、教学设计的理念（或教学创意的理论支撑）

1. 语文教学应始终以文本为抓手，以文本解读为核心，在此基础上提高学生的演讲能力。

2. 教学中应始终按照“以学生为主体”的原则开展小组活动，让学生充分感受演讲带来的魅力。

四、教学点评

1. 征高才老师：

(1) 教者对教材的处理能以简驭繁，设置填空题让学生概括各段内容，使学生能更简洁明了地理清文脉，同时也更能激发学生学习的兴趣。

(2) 对演讲稿特点的讲解能采用归纳法，注重学生自己的体验和感受，知识要点都是从学生中来再到学生中去，又在教学中充分开展小组活动，课堂气氛热烈，充分体现了“以学生为主体”的原则。

(3) 对学生活动的设计丰富而有趣，既有不同学生的朗读，又有个性化的理解，更有各小组推荐“演讲家”上台演讲；演讲者均表情丰富、肢体语言到位、演讲富有激情；最最精彩的是最后全体学生的“我是超级演说家”的演讲设计，将本节课推向了高潮，体现了体验式教学和教学效果的最大化。

2. 付国祥老师：确立教学目标时，把理解文本与训练演讲结合。通过活动体验引导学生“走进语言现场”，指导学生进行口语实践完成专题目标。教学过程中，让学生了解时代背景，为更好地把握演讲内容和情感作铺垫。通过速读课文，筛选重点词句，理清思路，使学生能在理解文本的基础上进行有效的演讲训练。为学生提供充分的活动机会，对其演讲实践进行有效指导，真正让学生在课堂活动中有所体验，有所收获。学生积极参与，取得了很好的课堂实效。

3. 张国林老师：知识传授以活动为抓手，用教学活动串联课堂各个环节；活动设计由浅入深，由易到难；整节课让学生在快乐和竞争中接受知识，课堂氛围活跃，学生求知欲强，效果极佳。

五、主讲人教学体悟(教学反思)

《不自由,毋宁死》是苏教版必修四教材“走进语言现场”专题“在演讲厅”板块下的一篇演讲稿。演讲能力是一个高中生应当具备的一项能力,高中生在高中语文教材中接触到的演讲稿不多,所以此篇目在教材中具有独到的地位。在上课前,考虑到如果单独作为演讲稿来指导学生演讲,容易架空文本,毕竟想通过一堂课就提高学生的演讲能力,有很大的困难;如果将此演讲稿单独做理解文本处理,则容易忽视学生演讲能力的培养,也不容易上出演讲稿的特色。

所以,本堂课主要通过板块教学,首先让学生理清本篇演讲稿的思路,对文本内容有一定的理解,了解本篇演讲稿的写作特色,因为这是演讲能力提高的一个重要基础。其次,主要通过活动体验的方式,如观看电影《建国大业》闻一多先生演讲片段,同学之间合作交流相互指导,进行微演讲片段展示,走进语言现场并开展“我是超级演说家”活动等,激发学生对演讲的兴趣,在演讲过程中,允许学生看提示卡片,在一定程度上提高了学生的演讲能力。

整堂课学生兴趣浓厚,活动体验充分,尤其是最后一个学生演讲的时候,下面同学齐声高喊口号“不自由,毋宁死”,达到了整堂课的高潮。如果在板块的衔接语等细微之处继续打磨,并给学生留有更多的演讲时间,相信本节课会更加精彩!

第二节 《想北平》教学设计

一、课堂导入

月到中秋分外明,昨天是中秋节,同学们想家吗?什么样的想呢？那就把这种想念化作诗篇吧，因为文学史上最动人的诗作永远都是思乡诗，就像诗仙李白的《静夜思》一样，“床前明月光，疑是地上霜”，这样的诗句一直传诵千古。诗圣杜甫也写下了这样的诗句——“露从今夜白，月是故乡明”。

故乡是我们成长的精神滋养，是我们永恒的“根脉”，在漂泊的旅程中，精神与心灵的归宿永远指向生养我们的那片故土。

我们今天所要学习的老舍先生的这篇《想北平》，就是对乡情最精妙的诠释。

二、解题

1. 我们知道《想北平》这篇文章从文体上来看是一篇散文，一篇散文往往有一个文眼来统率全文，定下整篇文章的情感基调。就课前的阅读，我们来交流一下，大家觉得这篇文章的文眼出现在什么地方？是哪个字？

2. 这个“想”字到了文章第二段就变成了“爱”字，那么一个“想”字和一个“爱”字，两者之间是什么关系？

明确：是一种情感的升华！因为爱它，所以想它，在日思夜想的过程中，这种爱又得到了升华！

三、与文本对话

1. 老舍先生是想北平的，是爱北平的，那么老舍先生对北平的爱有怎样的特点呢？

2. 教师朗读1—3段，在朗读的过程中，请同学们考虑这样一个问题：老舍先生对北平的爱有怎样的特点？能否通过一些具体的语句来分析？

3. 老舍对北平的爱的特点是如爱母亲，血脉相连，独一无二，是说不出来的。虽然老舍先生在前三段反复强调他对北平的爱是说不出来的，但是从后文的阅读来看，老舍还是把这种复杂的深沉的爱表达了出来，那么老舍先生是如何把这种爱表现出来的？

4. 请大家自由朗读第 4—7 段，思考老舍先生是如何把这种爱表现出来的？

四、文本拓展

如果写我们所生活的楚州（淮安），你会挑哪些事物来写？你会怎么写呢？

一条曲曲弯弯的小路，一株遍身疤痕的老槐树，一声熟悉的吆喝，一阵红枣米粥的香气，都是引发游子乡情的催化剂。

第三节 《可以预约的雪》教学设计

【教学目标】

1. 通过对文章重点词的把握，理解文章的内容。

2. 通过与作品、作家及自我的对话，交流讨论，了解作者对人生的态度，体会文章构思的巧妙。

3. 明白生活的哲理，养成积极的人生态度，懂得关注自己的内心世界。

【教学重点】通过对文章重点词的把握，理解文章的内容及构思。

【教学难点】体会文章构思的巧妙，培养思想的勇气，提高思维与鉴赏水平。

【教学方法】

1. 诵读法。引导学生把握重音、关键词、语速，体会作者的感情等。通过诵读，得出整体印象，感觉文章的“气质”，通过诵读去发现精妙词句，体会其作用。

2. 研讨法。培养学生的兴趣,增强学生通过文本主动解决问题的能力,培养学生养成自我解决问题的能力。

【课时】1 课时

一、导入新课

去年今日此门中,人面桃花相映红。人面不知何处去,桃花依旧笑春风。

（唐 · 崔护《题都城南庄》）

离别家乡岁月多,近来人事半消磨。惟有门前镜湖水,春风不改旧时波。

（唐 · 贺知章《回乡偶书》）

从这两首唐诗我们可以看出:历经岁月的更迭,人世的变迁,世间最美丽的自然风景却依然如约而至,桃花依旧,春风不改。这节课,我们一起跟随作家林清玄,去品读他的散文《可以预约的雪》,领悟它带给我们的思考。

二、学习目标

1. 诵读文本,梳理文脉,学习本文由物及人的构思及写作技巧。

2. 交流探讨,领悟作者对人生“常”与“变”的理性思考和感悟。

三、预习检测

1. 字音检查

2. 订正齐读

四、阅读文本

1. 带着疑问阅读,读书要求遵循南宋的大教育家朱熹的六个字:眼到、口到、心到。

2. 请一位同学朗读 1—10 段、17—19 段,分组阅读 11—13 段、14—16 段,全班齐读 20—23 段。

3. 请同学质疑:读完这篇文章后,你有什么疑惑吗?

五、文本探究

1. 文章的题目是《可以预约的雪》，文章与雪景有关吗？与什么有关？

(1) 为什么说“秋天的菅芒花是可以预约的雪”呢？

比喻：形似、季节性、可以预约

【阶段目标：学生明白文章“与雪无关，与菅芒花有关”。】

(2) 文章题目是《可以预约的雪》，作者不是要写雪，那这篇文章真的在写菅芒花吗？它究竟要写什么？

【阶段目标：学生明确文章主体并非写菅芒花，而是写看菅芒花的人。把握本文“由物到人”的行文思路。】

2. 这篇文章不是在写雪，也不是写菅芒花，那么它表达了作者对人生怎样的思考？

对常与变的思考。第十四段中，关于“变”与“常”作者用了一个很巧妙的比喻，能找出来吗？

【阶段目标：学生明确作者是借用“可以预约的雪”展开翩翩的思绪，由看花，想到了看花之人，由花的可以预约，想到了人生的不可以预约，从而引发作者对人生“常”与“变”的思考。】

3. 作者告诉我们，“常”和“变”构成了一种人生困局，那么“人生的困局”是什么呢？

【阶段目标：理清“变”与“常”之间的关系，“常”是表面的、理想的，“变”是本质的、真实的。】

4. 怎样走出“常”与“变”造成的“困局”？研习作者对人生的新思考。

【阶段目标：学生明确作者的思想与本文的主旨，对待生命要有悯恕之心，对待恒常要有祝福之念，面对人生的变化要有宽容之心。】

5. 文章的最后一段写道:“尚未看到菅芒花的此时,想到车子在米色苍茫的山径蜿蜒而上,菅芒花与从前的记忆美丽相叠,我的心也随着山路而蜿蜒了。”在这里用“蜿蜒”表达了作者一种什么样的心情呢?最后一段在全文的结构上有怎样的作用?

【阶段目标:体会作者情感,学生明确全文的结构特点。】

当你徜徉在议论散文的小径时,你是自由的,那些弯弯曲曲的小道,伸向远方,也许并不清晰,但没准儿你在漫不经心中会忽有所悟。林清玄的文章向来给人一种美,被人们称为“世纪末最清明的文章,人世间最玄妙的声音”。

六、全文总结

这篇文章从友人相约去看菅芒花开始,由花及人,体悟到人生的“变”与“常”,并进一步展开思考。提倡要从容地面对生活,永远保持对美好生活的向往。只有这样,才能使生命具有意义;只有这样,才能预约我们的希望。我用一副对联结束今天这堂课。

由花及人构思巧妙成就名篇佳作

宽容处变恒常祝福开启美好人生

七、布置作业

学习林清玄由物及人的构思手法,写一篇800字的周记,写出自己对生活或对人生的哲理性感悟。

第四节 《人是能思想的苇草》《我为什么而活着》整合教学教案

【教学目标】

1. 阅读文章,抓住关键语句,理解帕斯卡尔和罗素在文中的基本观点和作者表达的人生追求。

2. 培养学生积极的人生态度和高尚的人格情操,尝试将理性的思考与真挚的感情相结合抒写自己对生活、生命和人生的片断式感悟。

【教学重点】

1. 以两文的整合为基础,让学生对材料独立探讨以提高研讨能力。

2. 以学生筛选体现作者观点的语句为突破口,以期理解两篇文章的内涵,然后进行两文相同相异点的比较。

【教学难点】 理解文章蕴含的观点和丰富意蕴。

【教学方法】 问题探讨,整合信息

【教学步骤】

一、导入新课

在前两天的学习中,我们了解到庄子这个人物,他认为“万物皆有所待”,唯有超脱于物质的精神逍遥才是人生存的最高境界。而王羲之却在“一死生,齐彭殇”的东晋社会中,寄情山水,表现出积极旷达的人生态度。

古往今来,可以说人最宝贵的东西莫过于生命,怎样对待这仅有的一次生命是我们每个人都必须关注的问题。苏格拉底认为,未经思索的人生是不值一过的。俄国作家契诃夫说:“感到自己在这个世界是件多余的装饰品,那是很难堪的。活着而又没有目标是可怕的。”

可以说,伟大先哲们的思想闪耀着智慧的光芒,今天,让我们跟随法国的帕斯卡尔和英国的罗素一起来运用我们的思想,来思索、探讨一个简单而又复杂的问题:我为什么而活着?

二、学习目标

通过本课的学习,我们要达到以下两个目标:

1. 阅读文章,抓住关键语句,理解帕斯卡尔和罗素在文中的基本观点和作者表达的人生追求。

2. 培养积极的人生态度和高尚的人格情操,尝试将理性的思考与真挚的感情相结合抒写自己对生活、生命和人生的片断式感悟。

三、问题探讨

1. 首先,请同学们速读《人是能思想的苇草》,边读边勾画反映作者基本观点的句子,并思考以下问题。

(1) 阅读《人是能思想的苇草》,思考文章的题目“人是能思想的苇草”概括了人什么样的特点?为什么说人全部的尊严就在于思想?

追问:作者以“苇草”为喻说明什么?

明确:形象地写出人的渺小、脆弱,在大自然面前的不堪一击。这样比喻是为了衬托出思想的力量:思想使渺小的人变得高贵和有尊严。宇宙的浩大,能毁灭脆弱渺小的人;人却因为思想,可以概括宇宙,这就是人在宇宙中的全部尊严。

(2) 思想既然是无与伦比的东西,为什么又说它有缺点又是可悲的?如何认识人是可悲与伟大的统一体?

明确:作者把思想看作人之所以为人及人超出其他万物的标志。因为人是高于自然的,在自然界中人有着绝对的优势,它的优势表现在精神上,在他的思想上,思想可以超越自然,超越物质,可以通向无限,这使得人在自然中有了尊严,有了主宰世界的能力,所以说:“我们全部的尊严就在于思想。”

2. 爱因斯坦曾经说:“阅读罗素的作品是我一生中最愉快的事件之一。”阅读《我为什么而活着》,思考:罗素的一生有哪几种追求?其中哪一种追求是令他最执着、最痛苦的?

（1）分配阅读《我为什么而活着》，分别请一位同学读2、3段，老师读第4段，首尾全班齐读。

朗读这篇文章时要注意体味本文优美流畅的文笔、凝练生动的语言、独特而又细腻的情感，应读出他的从容、激昂和无奈，读出一个哲学家的大度来。

（2）教者：读完后思考罗素的一生有哪几种追求，他为什么而活着？

明确：渴望爱情，追求知识和同情苦难（板书）。

追问：其中哪一种追求是令他最执着、最痛苦的？

明确：“我渴望减轻这些不幸，但是我无能为力，而且我自己也深受其害。”

追问：这三种激情可以说是罗素在漫长的一生中奋斗不息的精神动力。那么，它们之间有什么内在联系呢？

明确：前两者把他带到天堂，后者使他回到尘世。

小结：文章开篇提出总的观点，然后具体说这三个方面，最后一段又是总结。

所以，全文采用的结构是总—分—总。文章层次分明，结构清晰严谨。

（3）罗素为什么渴望爱情？

明确：它带给人狂喜，解除孤寂，使人看到天堂的神秘缩影。

（4）罗素追求哪些方面的知识？

明确：了解人类的心灵（人类）；知道星星为何发光（自然科学）；理解毕达哥拉斯的力量（社会科学）。

［投影展示］

罗素一生著书71种，平均每天写作三千多字，著述涉及哲学、数学、政治、伦理、教育、文学、社会学。代表作品：《西方哲学

史》《我的哲学发展》《幸福之路》《自由之路》《哲学问题》《数学原理》

20世纪初，提出了现代数学基础研究的重大成果“罗素悖论”及解决这一悖论的“类型论”。

罗素于1950年获诺贝尔文学奖。

95岁高龄完成《罗素自传》的写作。

(5) 教者：罗素饱含的同情心关注到了哪些人和事？

［投影展示］

罗素一生追求真理，积极参加社会政治活动，为维护世界和平，反对侵略战争，多次发表声明和演讲。二战期间，还因为反战坐了六个月的牢，但他仍不改初衷。

1955年初罗素、爱因斯坦和各国科学家发起了禁核签名运动。

1961年，89岁高龄的罗素偕夫人到英国国防部门前静坐示威，结果被判两个月的监禁。

1964年创立罗素和平基金会。

四、文本小结

帕斯卡尔反复强调思想使脆弱渺小的人高贵伟大起来并有了尊严，采用了独白式的写作方式，多用警句式的表达，形象生动地表达了自己的人生思考。

罗素则以哲学家独特的眼光来思考人生、审视人生、剖析人生。他表达思想观点时，思路清晰，结构严谨周密，直抒胸臆，感情真挚，既充满理性的力量，又有激动人心的感召力和感染力。

五、拓展迁移

1. 可以说，古今中外，无数哲人都在思考人之所以为人的问题，抒发有关人生存的意义和价值的感慨。

［投影展示］

屈原：长太息以掩涕兮，哀民生之多艰。

杜甫《茅屋为秋风所破歌》：安得广厦千万间？大庇天下寒士俱欢颜。

范仲淹《岳阳楼记》：先天下之忧而忧，后天下之乐而乐。

在西方，耶稣：被钉在十字架上，滴着鲜血却仍眷顾着红尘中苦难的人们。

奥斯特洛夫斯基《钢铁是怎样炼成的》：人最宝贵的是生命。生命属于我们每个人只有一次。人的一生应当这样度过：当他回忆往事的时候，他不会因为虚度年华而悔恨，也不会因为碌碌无为而羞愧……

2. 现在就请我们同学运用自己理性的思考，谈谈“我为什么而活着”？

教师总结：

归纳起来，大家活着的理由大致如下：一是为了生存而活着。人，作为生命形式中的一种，也如植物动物一样，首先维持机体，保全生命，这是无可厚非的。但是，如果一个人活着仅仅停留在这一层面，不能不说是一种遗憾。莫里哀所说的“一个人应当为活着而吃饭，而不是为吃饭而活着”，就是这个意思。杰克·伦敦认为，人的正当作用是生活，而不是生存。古语说得好，人非草木，孰能无情？因此，大家活着的第二个理由是情感——亲情、爱情和友情，它们如一盏盏明灯，驱走了黑暗，照亮了前程，让我们体验到喜悦和温暖。（小我）——板书

当然，人活着的更高境界，乃是超越自我利益，把目光投注到更广阔的范围，这样的人生目标升华为一种崇高的信仰。今天大家都没有谈及，或许大家看完这一组图片后能够触发更多的感想。（大我）

3. 交流分享:

[**投影展示**]

谈谈自己刚才看到这一组图片后所产生的感受,说说最令你感动的画面,并尝试将理性的思考与真挚的感情相结合抒写自己对生活、生命和人生的片断式感悟。

六、布置作业

1. 在摘抄本上整理、摘抄古今中外名人关于生命和人生的名言或感悟。

2. 抒写自己对生活、生命和人生的片断式感悟。

参考文献

陈寅恪:《金明馆丛稿二编》,北京:生活·读书·新知三联书店,2001年。

董旭午:《真教语文　教真语文:董旭午生活化语文教读课例精选精评》,西安:陕西师范大学出版社,2013年。

顾明远:《教育大辞典》第五卷,上海:上海教育出版社,1990年。

郭念锋:《心理咨询师(基础知识)》,北京:民族出版社,2012年。

黄厚江:《语文的原点——本色语文的主张与实践》,南京:江苏教育出版社,2011年。

彭孙遹:《彭孙遹集》,杭州:浙江古籍出版社,2016年。

雅斯贝尔斯著、邹进译:《什么是教育》,北京:生活·读书·新知三联书店,1991年。

阎立钦:《语文教育学引论》,北京:高等教育出版社,1996年。

叶圣陶:《叶圣陶语文教育论集》,北京:教育科学出版社,1980年。

叶圣陶:《叶圣陶集》,南京:江苏教育出版社,2004年。

中国社会科学院语言研究所词典编辑室编:《现代汉语词典(第6版)》,北京:商务印书馆,2012年。

中华人民共和国教育部制定:《义务教育语文课程标准》,北京:北京师范大学出版社,2012 年。

中华人民共和国教育部制定:《普通高中语文课程标准(2017 年版)》,北京:人民教育出版社,2018 年。

曹振道:《"人文性"与"工具性"纷争之我见》,人大复印资料《小学各科教与学》2003 年第 12 期。

陈杰:《语文教学:预设与生成的和谐统一》,《语文学习》2006 年第 2 期。

陈小英:《用语言"粘"住学生——于漪教学语言艺术初探》,《中学语文教学》1994 年第 2 期。

陈晓姿:《让笔下人物"活"起来——一堂作文教学的课堂实录》,《中学语文教学参考》2007 年第 1 期。

程翔:《从"整本书阅读"的学科定位谈起》,《中学语文教学》2017 年第 1 期。

丁芸、王家伦:《语文复习,请借助"拓展延伸"》,《语文教学研究》2012 年第 7 期。

范红、王家伦:《中学语文教学:请走出"贵族化"的怪圈——论"平民"语文教学的建构》,《教育与教学研究》2012 年第 8 期。

方智范:《关于语文课程目标的对话(一)》,《语文建设》2002 年第 1 期。

高群、王家伦:《论语文课堂教学过程与目标达成——对新课改的理性反思》,《中学语文教学参考》2012 年第 10 期。

葛国建:《小学语文多媒体辅助教学存在的问题与对策》,人大复印资料《小学各科教与学》2003 年第 9 期。

黄厚江:《语文教学,应有学生立场》,《中学语文教学参考·初中版》2011 年第 3 期。

陆培:《化“综合性课程”为“语文综合性学习”》,《中学语文·教师版》2009 年第 7 期。

孟凡军:《主题组元教材课堂教学的工具性缺失是谁之过——以苏教版高中语文必修教材为例谈起》,《语文教学通讯》2010 年第 12 期。

倪文锦:《语言教学是语文教学的正道》,《光明日报》2015 年 10 月 20 日。

欧阳芬、王家伦:《语文教学:借助“工具”渗透“人文”》,《中学语文·教师版》2009 年第 7 期。

彭尚炯:《好风可凭　本固枝荣——〈家乡特产——顶山栗〉写作教学追记》,《中学语文教学》2004 年第 12 期。

钱梦龙:《为语文教学招“魂”》,《中学语文教学》2004 年第 2 期。

唐江澎:《〈白发的期盼〉教学实录》,《中学语文教学》2007 年第 1 期。

童方、朱莉琪:《学习困难儿童视听知觉特征与智力结构的关系探讨》,《中国临床心理学杂志》2006 年第 6 期。

王家伦、张悦:《罗马不是一天建成的——论阅读教学“阶段目标”的设置与落实》,《语文世界(教师之窗)》2013 年第 6 期。

王家伦、胡洁:《阅读教学:为何不可以“深文浅教”?——由〈幽径悲剧〉想起的》,《中学语文教学》2012 年第 11 期。

王家伦、颜丹:《语文课堂评议应向学生“所得”倾斜》,《中学语文教学参考》2008 年第 4 期。

王家伦、张长霖:《阅读教学:请持“平民视角”》,《中学语文(上旬)》2015 年第 10 期。

王家伦、张婷:《从解决“听力障碍”入手拯救“学困生”——关于“学困生”与“听力障碍”的调查》,《江苏教育(教育管理版)》2009年第5期。

王家伦:《教材选文一定要名篇吗?》,《中学语文·教师版》2009年第2期。

王家伦:《论语文教学的起承转合》,人大复印资料《中学语文教与学(高中读本)》2009年第7期。

王家伦:《学生“所得”是语文课堂评价的终极目标》,《中学语文教学》2008年第8期。

王家伦:《预设课堂与课堂预设,课堂生成与生成课堂——从三国时蜀汉帝国的兴亡说起》,《中学语文教学参考》2015年第7期。

王尚文:《“生成”与“入侵”》,《教学月刊(小学版)》,2004年第9期。

王尚文:《语文教学要走在“语文”的路上》,《中学语文教学参考》2004年第10期。

王新惠:《论在语文教学中发展学生的思维能力》,《许昌师专学报(社会科学版)》1998年第2期。

吴兰:《让“灵动的音符”跳进语文课堂——浅谈语文课堂的预设与生成》,《学生之友(小学版)》2010年第4期。

徐鹏:《整本书阅读:内涵、价值与挑战》,《中学语文教学》2017年第1期。

杨伟广:《建立面向未来的母语教育新体系——访苏教版小学语文教材主编张庆》,《小学语文教学·人物》2011年第3期。

叶澜:《让课堂焕发出生命活力——论中小学教学改革的深化》,《教育研究》1997年第9期。

于漪:《语文教学现状的思考》,《语文教学通讯·高中》2016

年第 10 期。

于漪:《语文教师必须有教学自信力》,《语文学习》2010 年第 1 期。

余文森:《论教学中的预设与生成》,《课程 · 教材 · 教法》2007 年第 5 期。

余映潮:《把浅显的课文教得深厚一点儿》,《中学语文教学》2012 年第 6 期。

张先平、杜雄丽:《冰点思考多媒体语文教学热》,《语文建设》2004 年第 9 期。

郑桂华:《整本书阅读:应为和可为》,《语文学习》2016 年第 7 期。